Elsass und Sundgau

Einkaufen ◆ Rumtreiben ◆ Einkehren

Cornelia Stauch Wolfgang Abel

OASE

Inhalt

Wieder mal ins Elsass? **6**

Der Sundgau **10**
Grenzwechsel im Leymen- oder Birsigtal 10
Ein bißchen Zentrum 18
Tief im Sundgau: fünf kulinarische Klassiker 23

Im Dreiländereck **43**
Von Chalampé nach Mulhouse 44

Mulhouse **50**
Mülhausens Museen 52
Einkehren und Einkaufen 66

Haltestellen an der Route du vin **74**
Soultz 74, Gueberschwihr 76, Eguisheim 79,
Turckheim 81, Niedermorschwihr 87, Kaysersberg 91,
Riquewihr & Ribeauvillé 92, Bergheim 100

Colmar **102**
Einkehren und Einkaufen 106
Schlafen 124

Münstertal & Münsterkäse **127**
Einkaufen im Münsterkäse-Dreieck 129

Im Ried **136**
Aus-der-Welt 139
Landgasthof an der Kreuzung 141
Le Kelsch d'Alsace 146
Eine Herberge für Gartenfreunde 151
Zwei Aussenposten 156
Gemischtes Doppel in Osthouse 160
Café und Kuchen in Sélestat und Barr 166

Strasbourg **171**
Einkaufen in Strasbourg 172
Teestuben, Restaurants und Brasserien 184
Über Nacht 196

13 Fermes Auberges **200**

Dollertal: Isolé et superbe 206

Route des Crêtes 209

Münstertal – Petit Ballon 217

Auf Einkaufstour im Elsass **236**

1 Wochenmarkt in St. Louis / Sa 239

2 Wochenmarkt in Mulhouse /Di,Do,Sa 241

3 Wochenmarkt in Colmar / Do 248

4 St-Josephsmarkt in Colmar / Sa 252

5 Wochenmarkt in Sélestat / Di 255

6 Wochenmarkt in Straßburg / Sa 256

Bauernläden und Erzeuger **261**

Spezialitäten und Legenden **284**

Orte 304

Gasthäuser 306

Einkaufen 309

Wieder mal ins Elsass?

Im Elsass nichts Neues – außer Friede, Freude, Choucroute ? Leider nein. Was die Restaurants angeht, muß man sich schon seine Gedanken machen. Sicher, ein paar Oasen gibt es noch immer, aber oft ißt man schwer, bisweilen teuer, gerne auch beides zusammen. Dazu hohe Weinpreise und eine Mischung aus Dünkel und schweren Vorhängen.

Das große Treffen: Petit France, Straßburg

„Ich gehe nicht mehr zum Essen ins Elsass. Der Wein ist zu teuer, die Saucen sind zu dick!" – Sagte uns ein altgedienter Gourmet. Er kennt die Auberge de l'Ill noch aus der Zeit, als es dort frische Hähnchen mit handgeschnittenen Pommes gab – und eine Bootspartie auf der Ill als Dessert. „Bitte durchlüften", wäre ein Rat an jene Museumsadressen, die eine Küche wie im Kostümfilm bieten. Stillstand und Crème double sind auf die Dauer kein Konzept.

Marché des producteurs, Strasbourg

Ganz anders die Situation auf kulinarischen Einkaufstouren. Etwa in Straßburg auf dem Erzeugermarkt am Place du Marché aux poissons, oder auf den Märkten in Colmar, Sélestat oder Mulhouse. Noch immer gibt es hier eine kulinarische Vielfalt, von der man linksrheinisch nur träumen kann. Genug Gründe also für eine Hamsterfahrt ins Elsass, kulinarische, aber auch emotionale. Man könnte wieder mal rüberfahren: ein Bresse-Huhn erbeuten, für eine Fischsuppe einkaufen, einen ganzen Brillat-Savarin oder ein Säckchen fleur de sel.

Therapeutisch reisen geht aber auch: Im Herbst, bei klarem Wetter über die *Route des Crêtes* gondeln, zwischendurch in einer Ferme verhocken, gegen Abend Richtung Rheintal runter und in einer feinen Villa logieren.

Oder eine Gartenwirtschafts-Radtour durch den ruhigen Sundgau: durch den Sundgau der Apfel-Hochstämme und Birnenpyramiden. Kombiniert mit einer Rast in der Grasgartenwirtschaft von Bettlach, oder auf eine *Carpe frite*-Bonanza in der *Couronne* in Carspach. Bonne chance!

Ferme Auberge Kahlenwasen, Petit Ballon

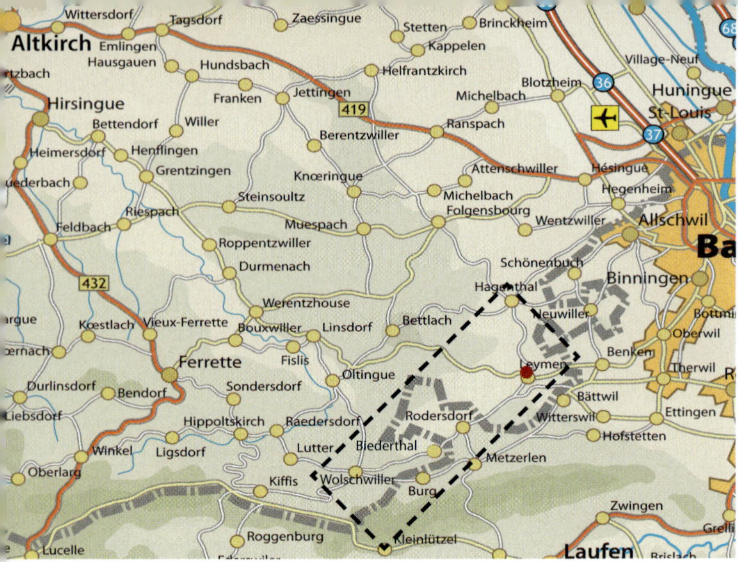

Der Sundgau

Grenzwechsel im Leymen- oder Birsigtal

Ein Gebiet gemischter Nutzung, da und dort hockt noch etwas Provinz im Fachwerk, anderswo wurde der Sudgau zum Wohnsitz für Schweizer und Grenzgänger oder zur Freizeitpiste für den Großraum Basel: Radeln, Reiten oder Pendeln.

Ein streckenweise idyllisch ins Land geschmiegtes Grenzsträßchen (D 23) führt vom Grenzübergang Benken-Biel über Leymen bis Biederthal und Wolschwiller, immer wieder grenzüberschreitend und schließlich tief in den Sundgau hinein, bis nach Ferrette. Entlang der D 23 findet auch der Bewegungsdrang der 35-Stunden Gesellschaft ein Ventil, es gibt perfekt ausgeschilderte Radpisten und

Grenzschlängeln: Im Leymental auf der D 23

auffallend viele Schilder „Pferdeboxen zu vermieten". Die Frage nach dem Sinn des Lebens wäre im Leymental also wenigstens übers Wochenende beantwortet. Andererseits meinen die italienischen Krimi-Autoren Fruttero & Lucentini: „Die Freizeit macht die Leute fertig".

■ **Der Bahnhof:** Ein Bau aus der Jahrhundertwende, gleichzeitig Zollstation. Die Strecke *Flüh-Rodersdorf* mit Halt in Leymen wurde 1910 von der Birsigtalbahn eröffnet. Zu einer Zeit, als es im Tal noch Landwirte und Handwerker gab, die im eigenen Dorf arbeiteten – Leymen besaß mehrere Kalksteinbrüche, eine Sägerei und eine Öl- und Getreidemühle. Heute fährt das Leymental (über 50.000 Einwohner) täglich über die Grenze zur Arbeit nach Basel. Leymen (nur noch zwei Bauernbetriebe) wurde zu einem gesuchten Schweizer Wohnsitz, die Gemeinde ist optimal mit der Basler Innenstadt verbunden: von Basel mit dem Tram Nr.10 – mit Fahrradtransport – ab Theater/Heuwaage in einer halben Stunde erreichbar.

Landpartie für Städter: Couronne d'Or, Leymen

COURONNE D'OR – Leymen. Im kleinen Grenzort Leymen wartet ein schlicht und edel renoviertes Dorfgasthaus, unter Basler Genußpendlern seit Jahr und Tag gesetzte Adresse.

Direkt unterhalb der Burgruine Landskron haben Schweizer Wirtsleute (ehemals Goldene Fass in Klein-Basels Hammerstraße) eine Art gehobene Kantine für Exilbasler etabliert. Die Couronne war vom Start weg ein Erfolg und sie ist es bis heute, es brummt jeden Abend (am Wochenende häufig Familien- und andere Feste).

Bei der Renovierung des 200 Jahre alten Dorfgasthauses haben die Wirtsleut' einiges klug erhalten: Um den Tresen ein unkompliziertes Bistro mit Durchguck auf das muntere Geschirren in der Küche – hier wird ein einfaches Speisenangebot ab 11 Uhr früh angeboten. Vorneraus zur Straße dann die schmale Terrasse mit drei kleinen Tischchen – richtig, ein frisches bière pression zu kippen oder für eine Kleinigkeit. Links vom Bistro dann der kleine Speiseraum und rechts der

Auch schon Geschichte: Straßenschild aus der Betonsteinzeit

schlicht-elegante Jugendstilsaal für die abendliche Tafel, dazu kommt noch ein reizvoller rückwärtiger Wintergarten. Bei soviel Zulauf fehlt im Service mitunter die Übersicht motivierter Fachkräfte – manche verwechseln Nonchalance mit Nachlässigkeit. Aber der Platz hat einfach Charme. Küchenrichtung: eher leichte frische Küche mit Gemüse und Mittelmeer-Zutaten, in zeitgerechtem Zuschnitt.

La Couronne d'Or (Urs Rusterholz, Bernhard Weber)
10, Rue Principale, F-68220 Leymen
Tel/Fax 0033-(0)3.89.68.58.04, www.couronne-leymen.ch

Typ: Bistro-Restaurant mit schönem Wintergarten und Jugendstil-Saal; ♣ kleine Veranda zur Straßenseite.

RT: Mo, Di, Mi. Abends unbedingt reservieren. Ferien im Juli.

Preise: mittel bis hoch. Mittagsmenu 11 Euro, Menus surprises (4/6 Gänge) ab zwei Personen: 35/45 Euro, wählbar mit Hauptgang: Fleisch/Fisch oder vegetarisch.

Ziegenkäse aus Meisterhand: Etienne Fernex, Chèvrerie de la Grange

ZIEGENKÄSE UND PROVINZ in Biederthal. Der Rodersdorfer Zipfel gehört noch zur Schweiz, gleich danach zwischen Rodersdorf und Biederthal schöne Sicht auf den Blauen (837 m). Entlang der lindengesäumten Hauptstraße nach Biederthal plätschert das Quellbächle des Birsigs so vor sich hin, neben dem ehemaligen Landschloß der Reich von Reichenstein wartet eine Käserei der besonderen Art:

CHÈVRERIE DE LA GRANGE – Biederthal. Biologischer Ziegenkäse. Eine Herde mit 40 Ziegen, dazu eine blitzeblanke Käserei, ein Bioladen und ein engagiertes Paar: Etienne und Agnès Fernex. Ihre Käserei existiert mittlerweile schon seit 14 Jahren und wurde zu „der" Regio-Adresse für biologischen Ziegenkäse bester Qualität bei breitestem Sortiment.

Die Fernexens bieten: ausgezeichneten Ziegenkäse unterschiedlichen Alters (von März bis Dezember, im Winter geht die Ziegenmilch an die Zicklein). Im Angebot sind auch die kleinen, festen Pikanten, lang gereift und von Kennern geschätzt. Dazu cremiger Frischkäse mit feiner Säure (natur, sowie klassisch in Holzkohle gerollt, auch mit Kräutern, Mohn, Paprika). Alle Käse schmecken aromatisch, aber eben ohne jene berüchtigte Penetranz, die bei vielen anderen Ziegenkäseanbietern, besonders bei Kleinerzeugern nervt. Fernexens Frischkäse sind reintönig und frisch-säuerlich. Bravo! Verkauf im eigenen Bioladen und auch auf dem Samstagsmarkt in Basel.

■ **Gîte Rural La Ferme:** Auf der Straße gegenüber, in einem alten Bauernhaus, mit Zicklein und Ferkeln im Vorgarten, das dazugehörige Gîte Rural La Ferme: zwei bäuerlich eingerichtete Wohnungen für 6 Personen, die wochenweise vermietet werden.

Chèvrerie de la Grange (Etienne und Agnès Fernex), 22 rue Principale, 68480 Biederthal, Tel. 0033-(0)3.89.07.31.15.

Epicerie de la Grange – Bioladen mit den üblichen schwierigen Öffnungszeiten: Mi, Fr 10-13 und 15-18.30 Uhr.

Gîte Rural La Ferme, 23, rue Principale, 68480 Biederthal, Tel. 0033-(0)3.89.07.31.28.

■ **Noch eine Ziegenkäserei: LUPPACHHOF** – **Bouxwiller**. Ein Bio-Bauernhof im Tal der Luppach am Rand von Bouxwiller (westl. Ferrette an der D 473), der außerdem noch als Ferme pédagogique firmiert. Hier lernen verzappelte Computer-Kinder, wie es sich auf Eseln und Pferden sitzt, wie sich Ziegen und Hasen anfühlen, und daß Eier von Hühnern stammen. Verkauf von ausgezeichnetem Ziegen- und Kuhkäse auf dem Bauernhof und auf dem Sa-Markt in Huningue.

Ferme pédagogique du Luppachhof (M. Patrick Goepfert), 6 rue de Luppach, 68480 Bouxwiller, Tel./Fax: 0033-(0)3.89.40.39.87.

Abgebaut und wieder aufgebaut: Hostellerie Paysanne, Lutter

Lutter. Hübsches Dorf mit alten Bauernhäusern und einer sehr guten Adresse – Auberge und Hostellerie Paysanne, zwei separat gelegene Häuser, die zusammengehören:

Auberge et Hostellerie PAYSANNE** – Die *Hostellerie Paysanne* liegt am Ortsausgang (gut 200 m von der Auberge in der Ortsmitte entfernt). Das große Sundgauer Bauernhaus aus dem 17. Jahrhundert wurde in Hésingue abgebaut, nach Lutter transportiert und dort in Nachbarschaft einiger gotischer Brüder originalgetreu wieder aufgebaut – gleichsam als mobile Immobilie (eine ähnliche Geschichte hat die Ferme Auberge du Paradis in Strueth hinter sich, siehe dort). Logiert wird in neun geräumigen schönen Zimmern – im ersten Stock eine lange, überdachte Galerie. Große Spiel- und Sonnenwiese hinterm Haus. Kein Restaurant. Eine der charmanteren Landpartien im Sundgau.

Mitten im Ort steht die geraniengeschmückte Riegelhaus-*Auberge Paysanne:* ein Gasthaus im traditionellen Sundgauer Stil mit sieben Zimmern im zweiten Stock. Eine bieder-ba-

Mittendrin in Lutter: Die alte Auberge Paysanne

rocke Adresse. In den grün-, blau- und rosafarbenen Ludwig-Quatorze-Salons werden Spargel, Wild oder auch Wachteln nach Winzerart serviert. Es kommt Schweizer und einheimische Bourgeoisie. Im Sommer wird im Hof ein einfacher überdachter Freisitz aufgebaut, der viele Radler anlockt.

Auberge et Hostellerie Paysanne (Christian und Carmen Guérinot), 24, rue de Wolschwiller, F-68480 Lutter, Tel. 0033-(0)3.89.40.71.67, www.auberge-hostellerie-paysanne.com

Auberge Paysanne – Restaurant-RT: Mo und Di-mittag.
Preise: mittel (Tagesmenu 10-11 Euro). 7 Zimmer (Doppel ab 49 Euro).

Hostellerie Paysanne – 9 geräumige, charmante Zimmer.
Preise: mittel (Doppel um 60 Euro ohne Frühstück).
♣ Spiel- und Liegewiese hinterm Haus.

Ein bißchen Zentrum

Ferrette – **Pforte zum Jura.** Eine Landgemeinde im engen Katzenbachtal 40 km südwestlich Mulhouse. Außer ein paar Andenkenläden und etwas herausgeputzter Gastronomie durfte man hier – bis vor kurzem – nicht viel erwarten. Immerhin, der grüne Michelin weiß etwas: Die steile Hauptstraße, die Rue du Château, führt zu den Ruinen des Stammschlosses der Grafen von Pfirt, die über zwei Jahrhunderte den Sundgau regierten. Von der oberen Plattform (612 m) imposanter Rundblick über den Sundgau, bis weit in die Vogesen und den Südschwarzwald. Im Pfirter Land wechselt das sanfte Rollen der sundgauer Gehügel in den herberen elsässischen Jura (Morimont, Glaserberg, Raemel). Und seit ein paar Jahren gibt es wieder eine schöne Einkehr – dazu noch am vielleicht schönsten Fleck von Ferrette, oben an der steilen Rue du Château:

Feine Lage: Le Felseneck vor der Schloßruine der Grafen von Pfirt

LE FELSENECK – Ferrette. Die neuen Besitzer hatten ihre Wanderjahre hinter sich, im Sundgau haben Caroline von Mutzenbecher und Rodolphe Corda dann lange nach einer neuen Heimat gesucht. Ein Gasthaus in schöner Lage sollte es sein, nicht allzu weit von Basel entfernt. Im Jahr 2002 sind die beiden dann unter der Burg von Ferrette angekommen. Rodolphe Corda stammt aus Sardinien, Caroline von Mutzenbacher, geboren in Basel, aufgewachsen in Mexiko, Flamenco gelernt in Spanien – nun eine charmante Gastgeberin, ihr Partner, ein initiativer Patron und Koch. Bei der Vergangenheit liegt es nahe, daß die beiden nicht nur Essen & Trinken im Kopf haben, aber keine Angst, die Bodenhaftung fehlt nicht, das zeigt schon die geschmackvolle Renovierung. Das dunkle, trostlose Gasthaus von einst ist nicht wiederzuerkennen, der alte Dielenboden wurde runderneuert, dunkle Bugholzstühle stehen vor hell gedeckten Tischen, mit offenem Übergang zwischen Bistro- und Speisebereich.

Im großen Felseneck-Saal

Serviert wird eine einfache Küche zu freundlichen Preisen, so ab 10 Euro – angekündigt auf einer kapitalen Schiefertafeln frei im Raum: z.B. salade chèvre chaud, salade Landaise (mit Entenstückchen), Ravioli aux Epinards (mit Spinat), faux-filet charolais, Tournedos mit grünem Pfeffer/Roquefort/Pilzen. Ebenso preiswürdig die Weine (verschiedene Elsässer und eine kleine Auswahl Italiener und Spanier). Die meisten auch offen. Im Sommer wird im Garten unter zwei schattigen Kastanien gewirtet. Die Veranda auf der Sonnenseite zum Tal hin wurde zwar erweitert, damit an kühleren Sommertagen im Freien gewirtet werden kann – doch französische Vorschriften für Restaurants verhindern das Vergnügen. Dennoch: Haus und Gastgeber sorgen für eine freundliche und einladende Atmosphäre.

Unterm Dach wurden acht Gästezimmer ausgebaut, wieder mit Geschmack und Verstand, mit Dusche und einem französischem Bett (1,40 m): klein, aber fein, mit Aussicht, teilweise mit Balkon. Das größte geht fast als Appartement durch; die

Charmante Gastgeber:
Carolin v. Mutzenbecher und Rodolphe Corda, Le Felseneck

Nummer 5, das kleinste, ein verträumtes Eckzimmer mit Aussicht ins Tal; außerdem zwei familienfreundliche Durchgangszimmer. Alle miteinander sind preisgünstig kalkuliert. Der Felsenecksaal kann auch für größere Feste gemietet werden. Somit wird das Felseneck zu „der" Adresse im Sundgau, wenn es mal wieder ländlich, aber nicht allzu rustikal sein soll.

Le Felseneck (Rodolphe Corda, Caroline v. Mutzenbecher)
42, rue du Château, 68480 Ferrette, Tel. 0033-(0)3.89.08.21.28.
RT: Mo, Di. November bis Februar geschl.
Typ: heller Speisesaal mit Bar, Bistro- und Speisebereich;
♠ kastanienbeschatteter Sommergarten.
Schlafen: 8 unterschiedlich große und individuell eingerichtete Gästezimmer.
Preise: günstig-mittel; DZ 45/55 Euro ohne Frühstück.

➲ **Beine vertreten:** Von der obersten Burg führt ein Wanderweg (erst blauer, später gelber Balken) zur *Grotte des Nains* (Zwergenhöhle) in eindrucksvoller Felslandschaft.

Michelbach
Guewenheim
Schweighouse
Reiningue
Pfastatt
Mulhouse
Rixheim
Riedisheim
Brunstatt
Morschwiller
Heimsbrunn
Burnhaupt
le-Bas
A36
Didenheim
Eschentzwiller
Galfingue
Hochstatt
Bruebach
Bernwiller
Gildwiller
Falkwiller
Froeningen
Zillisheim
Flaxlanden
Dietwiller
Landser
Schlierbach
Traubach
Balschwiller
Spechbach
Canal Rhône au Rhin
Illfurth
Steinbrunn
St. Bernard
Geispitzen
Rantzwiller
Waltenheim
Hagenbach
Kœtzingue
Walheim
Obermorschwiller
Retzwiller
Dannemarie
Ballersdorf
Aspach
Altkirch
Wahlbach
Magstatt
Wittersdorf
Tagsdorf
Zaessingue
Manspach
Carspach
Emlingen
Stetten
Kappel
Altenach
Hausgauen
Hundsbach
Helfrantzkirch
Hirtzbach
Franken
Jettingen
419
Fulleren
Hirsingue
Strueth
Bettendorf
Willer
Berentzwiller
Hindlingen
Heimersdorf
Henflingen
Suarce
Friesen
Grentzingen
Largitzen
Ruederbach
Knœringue
Ueberstrass
Steinsoultz
Riespach
Lepuix-Neuf
Feldbach
Muespach
Seppois
Bisel
Roppentzwiller
Durmenach
432
Réchésy
Werentzhouse
Mooslargue
Kœstlach
Vieux-Ferrette
Bouxwiller
Linsdorf
Bettlach
Courcelles
Pfetterhouse
Mœrnach
Ferrette
Fislis
Oltingue
Lugnez
Beurnevésin
Durlinsdorf
Bendorf
Sondersdorf
Damphreux
Bonfol
Liebsdorf
Hippoltskirch
Raedersdorf
Largue
Winkel
Ligsdorf
Lutter
Cœuve
Courtavon
Oberlarg
Wolschwiller
Vendlincourt
Kiffis
Burg
Levoncourt
Roggenburg
Miecourt
Kleinlützel
Alle
Charmoille
Lucelle
Ederswiler
Fregiecourt
Fontenais
Courgenay
Cornol
Asuel
Pleigne
Movelier
Liesberg
Bourrignon
Mettenbert
Soyhières
Seleute
St. Ursanne
Sépraïs
Delémont
Courroux
1
2
3
4
5
6
15
16
17
18
19
33

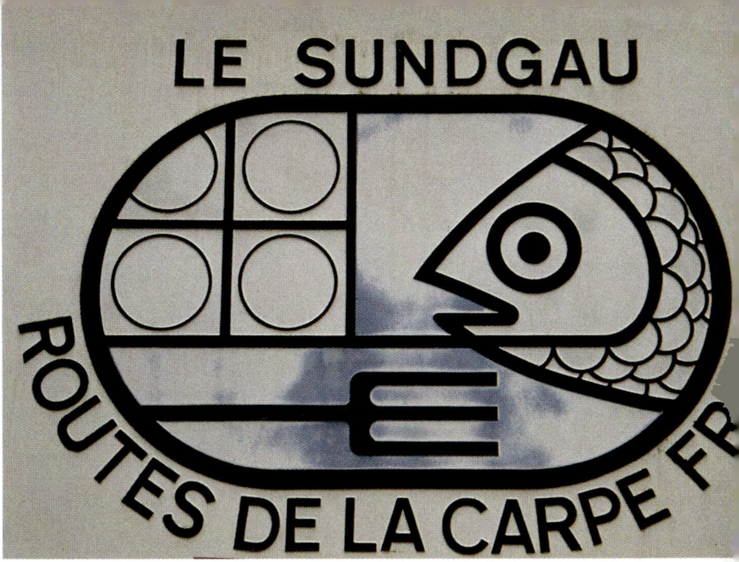

Ausgeschildert: die Sundgauer Karpfenroute

Tief im Sundgau: fünf kulinarische Klassiker

Die Region im Südwesten von Altkirch ist mit Karpfenteichen gespickt, eine stille Hinterstube, Nebenstraßenland und als kulinarische Hauptroute eine „Route de la Carpe frite“. In immerhin 34 Gasthäusern wird die Regionalspezialität serviert – in einem aber wird Carpe frite zelebriert:

1 HARTMANN / DE LA COURONNE – **Carspach.** Von der Kunst der Karpfenspeisung: Als erstes ein Gasthaus vom Typ Platzhirsch, etwa die Couronne, kurz „der Hartmann“ genannt. Mit einem großen Saal, stabilem Tresen und ebensolcher Bedienung. Dazwischen auch zwei flinke Wiesel, die zwischen den gut besetzten Tischen hin und her huschen. Die Karte ist im Grunde Nebensache, weil fast alle Gäste nur wegen dem Einen kommen. Wegen *La Friture de Carpes accompagnée de pommes frites et salade verte*“. Serviert wird à discrétion. Der grüner Blattsalat kommt in der Glasschüssel,

Wallfahrtsort im Sundgau: La Couronne in Carspach

festes Blatt, schön sauer angemacht. Einen schönen Kontrapunkt dazu geben die Fritten ab, als dünne Stäbchen von der frischen Kartoffel geschnitten, dunkelgelb, an der Grenze zum Braunen ausfrittiert, auf großer Cromargan-Platte serviert.

Die Karpfen werden im hauseigenen Quellwasser der Krone geläutert, schmecken also keineswegs muffig oder sonstwie gründlerisch, geschlachtet wird täglich à la minute. Sodann wird der Fisch in daumendicke Tranchen geschnitten, in Griesteig gewendet, sofort fritiert und unverzüglich serviert. Die spezielle Griespanitüre sorgt zunächst für ein etwas gräuliches Aussehen des Fritierguts, die Skepsis angesichts der eigenwilligen Optik wird aber schnell vom Produkt selbst zerstreut. Saftiger, frischer und heißer, also karpfiger, kann man einen carpe frite eigentlich nirgendwo bekommen. Das wissen auch zahlreiche Stammkunden der Couronne, vereinzelt finden sogar Busse den Weg nach Carspach im hinteren Sundgau. In der Regel stellt sich aber bunt gemischtes Lokalpublikum ein, das vortrefflich mit der unkompliziert lebhaften Atmosphäre im Speisesaal harmoniert.

Heiß, nicht fettich: Carpe frite à discrétion in Carspach

Besonders unterhaltend geraten die Abende an Wochenenden, wenn sich Archetypen der Landbevölkerung einstellen. Auch Herren mittleren Alters tragen ihr Resthaar hier noch gerne zum Zopf gebunden, ein älteres Paar parkt den neuen Dackel unterm Tisch. Durchaus beeindruckend auch die figurnahe Kleidung der jüngeren Damen, denen der Selbstzweifel ihrer städtischen Schwestern gänzlich fremd ist; dazu passen Oberarmtätowierte mit gutem Appetit. Zudem sorgt das praktisch von allen Gästen bevorzugte Einheitsgericht für eine unausgesprochen wohlige Solidarität im Saal, die im Verein mit dem speditiven Service und bei tüchtigem Speisen- und Alkoholkonsum (der „g'wönigliche" Côte du Rhône aus der Literflasche ist um die 10 Euro zu haben) schon bald zu einem umfassenden Behaglichkeitsgefühl führt.

Selbst beim unvermeidlichen Gang zur Toilette bleibt die Couronne ihrem Konzept treu. Die Wegweisung erfolgt durch eine Neonleuchtschrift, deren kräftiges Rosa zum Dunkelblau der kräftig duftenden Einlegesteine in der Pissoirrinne paßt.

Aber das sind Randnoten, wie die wenigen Ausweichgerichte auf der Karte: Karpfenallergiker können auch eine Forelle mit Mandeln bekommen, ein steak au poivre, oder halt diverse Schnitzel, über Mittag gibt es auch ein (karpfenfreies) Tagesmenü zu volkstümlichem Preis, aber deshalb fährt man nicht nach Carspach.

Restaurant Hartmann/De la Couronne (Fam. Hartmann-Zimmermann), 68130 Carspach, Tel. 0033-(0)3.89.40.93.09.

RT: So-abend, Di-abend, Mi ganztägig. Ferien Ende Juni bis Anfang Juli. Unbedingt reservieren, besonders an Wochenenden.

Typ: Robustes und vitales Dorfgasthaus mit großem Speisesaal; „der" Treffpunkt zur Karpfenbonanza.

Preise: günstig (Tagesmenu unter 10 Euro)

■ **Öfters hat man im tiefen Sundgau den Eindruck, daß so alle 15 km eine Adresse wartet, die für ein bestimmtes Gericht bekannt ist und von allen in der weiteren Nachbarschaft genau deshalb besucht wird. Der nächste Platzhirsch in der Gegend wäre die Ferme Paradis in Strueth (vgl. Seite 28).**

Nostalgieziel mit Wirtsgarten auf Grasboden: Ritter, Dannemarie

2 Restaurant RITTER – Dannemarie. Etwas außerhalb des Zentrums, direkt gegenüber vom Bahnhof eine ländliche Einkehr, die seit Jahr und Tag eine ordentliche, streckenweise sahnenlastige Küche bietet, an der deshalb auch mal rumgemeckert werden darf. Trotzdem kommen wir immer wieder gerne hierher: wegen dem herrlichen Grasbodengarten, dem kleinen Freisitz nach vorne und dem großen nostalgischen Speisesaal. Und wegen dem Klassiker: les filets de carpe en friture à la bière ou à la semoule, Mayonnaise et salade verte. Hier werden die Pommes nur als Extra zum carpe en friture serviert (avec des frites 1.50 Euro). Falls Ochsenschwanzragout auf der Karte steht, unbedingt probieren. Das Gourmetmenu mit den üblichen Verdächtigen (Langusten, St. Jacques Muscheln, Risotto) muß nicht sein.

Restaurant Ritter (Richard Enderlin),
Rue de la Gare 5, 68210 Dannemarie, Tel. 0033-(0)3.89.25.04.30

RT: Dienstag.

Typ: Dorfrestaurant mit großem Speisesaal, ♣ Grasbodengarten und kleiner Freisitz nach vorne.

Preise: mittel bis gehoben.

Charolais und Froschschenkel: Ferme Auberge Le Paradis

Von Altkirch lässt sich's auf der kleinen D 16 gemütlich nach Süden mäandern: über Orte, die keiner kennt: Carspach, Fulleren, Mertzen oder Strueth. Genauso gemütlich läßt es sich von Dannemarie auf der D 7 nach Süden gleiten. Am nördlichen Dorfende von Strueth führt eine groß ausgeschilderte Abzweigung 400 m den Wald hinauf zur:

3 Ferme Auberge LE PARADIS – **Strueth.** Das Fachwerkhaus von 1810 gehört – wie die Auberge Paysanne in Lutter – zu den mobilen Immobilien. Das Anwesen wurde im Nachbardorf ab- und hier wieder aufgebaut. Jetzt ist es (unser Foto entstand vor der Geranienblüte) aufs Allerliebste mit Geranien geschmückt und lädt zu deftigen Gerichten – auf der großen überdachten Terrasse oder im kleinen rustikalen Gastraum mit gerade mal sechs Tischen. Zur Ferme Auberge auf 400 m gehören 80 Charolais-Rinder (im zugehörigen Bauernladen wird ab Oktober Rindfleisch verkauft. Keine Milchprodukte).

Bei der Eröffnung 1988 war hier die einzige Ferme Auberge, die nicht in den Bergen lag. Dann kam 1990 die zweite im Sundgau dazu, die noch dazu ganz ähnlich klingt: der Paradisvogel in Bernwiller – seit Sommer 2009 leider geschlossen. Schade.

Im Sommer steht der Holzofengrill im Mittelpunkt und damit die Spezialität des Hauses: Ochs am Spieß. Serviert wird außerdem ein sehr feines faux-filet charolais nature, ein Teller mit Crudités, Speck und rohem Schinken, Bibbeleskäs mit Bratkartoffeln, die Geflügelterrine Fabienne und les cuisses de grenouilles (Froschschenkel) à la provençale. Freitag- und Samstagabend (und nur dann) gibt es ein bäuerliches Fleischfondue in der Brühe. Carpe Frite mit grünem Salat und Mayonnaise steht immer auf der Karte. Gesamteindruck: ordentliche Küche, sinnvolles Weinangebot, freundliche Bedienung.

Ferme Auberge Le Paradis (Bernard und Fabienne Emberger)
1, rue Principale, 68580 Strueth
Tel. 0033-(0)3.89.07.21.46, Fax: 0033-(0)3.89.08.05.60.

Geöffnet: ganzjährig, RT: Mi-abend, Do.

Typ: traditionelles Gasthaus. 2 Gasträume. Im Sommer mit Holzofengrill auf der ♣ Terrasse.

Schlafen: 4 Zimmer und ein 10-Personen-Schlafsaal.

Fermeprodukte: Rindfleisch ab Oktober im zugeh. Bauernladen.
Preise: günstig-mittel.

■ **Fahrhabe und Fachwerkhaus: Das komplette „Umsetzen“ von Fachwerkhäusern hat im Sundgau Tradition. Das Haus als solches wurde hier nicht als Immobilie gesehen, sondern als „Fahrhabe“, wie ein größeres Möbelstück. Die Technik des Fachwerkbauens erlaubt eine spätere De- und Remontage. Eine frühe Form des Wohnmobils, oder so ähnlich. (Vgl. Lutter, S. 15)**

Rückzugsgebiet: A la Source de la Largue in Oberlarg

Stiller wird's nicht – Das Largtal gehört zu den schönsten Tälern der Region: Romantische Dörfer und Kirchen mit Scheitweck, so heißen die typischen Sundgauer Satteldachtürme. Die Largue entspringt bei Oberlarg am Westhang des Glaserbergs. Nördlich Altkirch fließt sie zur Ill. Im Tal gibt es allerdings nur noch wenige Wirtshäuser alten Stils. Unser Lieblingsgasthaus steht am Ortsrand von Oberlarg. Im tiefsten Sundgau eine der zuverlässigsten bürgerlichen Gaststuben:

4 A LA SOURCE DE LA LARGUE – Oberlarg. Von außen wirkt die Largquelle eher unscheinbar, das Anwesen am Ortsrand war bis 1969 Privathaus und ein wenig kommt man sich hier noch immer wie ein Privatgast der Wirtsfamilie Hirtzlin vor. Ein sympathischer Familienbetrieb mit ländlicher Küche zu freundlichen Preisen. Zwei Gasträume, vorne beim Tresen die dunkle Stube mit festen Holztischen und Durchguck in die Küche, dahinter der kaum größere, etwas gediegenere Speisesaal für die Sonntags- und Familientafel – mit altem Buffet

Kurven ohne Autos: tief im Sundgau

und mächtiger Standuhr, das ehemalige Wohnzimmer. Das Gasthaus von Mutter Marie Rose wird seit einigen Jahren vom Sohn, Jean-Marie Hirtzlin und seiner Frau betrieben.

Schon die Suppen stimmen froh und wehmütig zugleich, weil klar wird, welche Ausnahme eine saubere Bouillon in Zeiten der Schaumsüppchen geworden ist. Spezialität des Hauses: „la Friture de filets de carpes – Frites/Salade/Mayonnaise“, mit hausgemachter Mayonnaise. Auch andere Gerichte, wie sie einst im elsässer Landgasthaus zuhause waren: Truites, tête de veau, presskopf de Lapin, Schnecken, im Winter auch Muscheln. Zur Jagdzeit stets feine Wildgerichte mit viel Sauce aus der großen Schüssel. Immer zu haben ist die ausgezeichnete crudité, die zusammen mit dem guten Bauernbrot schon fast eine Mahlzeit ist.

Neben der gut sortierten Weinkarte (von Edelzwicker bis Bordeaux) überrascht noch eine bemerkenswerte Auswahl an Digéstifs (25) und Apéritifs. Wenn irgendwann einmal noch im jardin d´eté hinterm Haus serviert wird, sind wir rundum zufrieden – die schlichte Terrasse am Haus kann eben einen Sommergarten nicht ersetzen.

A la Source de la Largue (Familie Hirtzlin), 19, rue Principale, 68480 Ferrette/Oberlarg, Tel. 0033-(0)3.89.40.85.10.

Geöffnet: Nur Fr, Sa, So, Mo (unbedingt reservieren).

Typ: Traditionelles Gasthaus mit urigem Schankraum, nebenan der kleine Speisesaal.

Preise: günstig-mittel (Hauptgerichte um 15 Euro).

Anfahrt: Von Ferrette auf der D 432 nach Winkel, hinter Winkel rechts auf die D 41 nach Oberlarg abbiegen.

■ Der asphaltierte Radweg im Largtal (blaues Schild mit Radler-Symbol), führt von *Dannemarie* (an der D 104) bis nach *Seppois-le-Bas*. Mitten im Ort eine Orientierungstafel mit den fünf Picknickplätzen und den Wanderwegen in der Umgebung: der Weg Nummer 23 führt in zehn Minuten zur Source de la Largue.

Perfektionierte Schlichtheit – Restaurant Scholler, Knœringue

5 SCHOLLER/Au Chasseur – Knœringue. So wie man in Carspach zum Hartmann geht, geht man in Knœringue zum Scholler. „Einfach, deftig, auch mal grob, aber immer ehrlich." So die Beschreibung eines Freundes. Dann hat er noch vom Omelette geschwärmt, das eine kleine Reise wert sei; vom ausgezeichneten Pot au Feu, vom Cordon bleu und von der ordentlich und großzügig bemessenen Plat du jour am Mittag, der hier mit einer Suppe oder einem Cruditée beginnt. Und überhaupt von der „zelebrierten Schlichtheit im «Scholler»." Das Omelette war zwar glänzend bis triefend buttrig, aber trotzdem ein Vergnügen – genauso der Rest. Nachdem der letzte Mittagsgast gegangen war, setzte sich die Wirtsfamilie an den Tisch – in der Mitte die Suppenterrine. Ein Platz, der einfach stimmt.

Restaurant Scholler/Au Chasseur
6, rue de Bâle, 68220 Knœringue, Tel. 0033-(0)389.68 61 52
RT: Mo, Di.
Typ: Robustes Dorfgasthaus, Sundgauer Relikt.
Preise: günstig-mittel.

Feld- und Obstwiesenland: im Sundgau südlich Hagenthal

■ **La Ferme CHEZ MATHIEU** – **Knœringue.** Die Bauernmetzgerei der Ferme Chez Mathieu liegt in Knoeringue, gleich bei der Kirche. Alles stammt aus eigener Produktion, alles nur vom Schwein. 2, rue de l'église, Tel. 0033-(0)389.68 61 72. Nur am Freitagnachmittag von 14 bis 19 Uhr und am Samstag den ganzen Tag von 9 bis 16 Uhr.

Gartenwirtschaften im Sundgau

Auf halbem Weg zwischen Basel und Ferrette liegt eine der charmanteren Gastwirtschaften des Sundgaus. An Sommerwochenenden ist an solchen Gunstplätzen allerdings mit Schwärmen kanarienbunter Velofahrer zu rechnen. Der Sundgau eignet sich nun mal hervorragend fürs Genuß-Radfahren ohne Pässe-Schinderei: meist nur hügelig, die Kurven elegant geschwungen, die Steigungen milde und wadenfreundlich, deshalb auch noch nach einem Glas Wein gut zu bewältigen.

STUDERHOF – **Bettlach.** Erhöht in Alleinlage am Ortsrand, oberhalb der Kreuzung Hagenthal/Ferrette, zudem am alten Römerweg nach Augusta Raurica. Auf der großen Terrasse mit Sicht auf Illtal, Oltingue und Wolschwiller sammeln sich beim ersten Sonnenstrahl Genießer und Radfahrer – falls die Sonne nicht lacht oder die roten Plastikstühle nerven: der große

Landpartie und Radleretappe – Studerhof, Bettlach

Gastraum innen ist gemütlich, die Bedienung aufmerksam, die Wirtsleute nett und die (Vesper-)Küche ordentlich: Es gibt Standards wie Crudité, Tagessuppe, Schinken, Munster, Obstkuchen. Die warme Küche bleibt ohne Höhepunkte – Tip: frische Forellen aus dem eigenen Becken, klassisch blau oder auf Sundgauer Art im Mandelmantel (kleiner Scherz), Wild-

Die Kirche im Dorf ist das einzige Hochhaus in Bettlach

gerichte während der Jagdsaison. Ansonsten muß man sich hier eben an Lage und Stimmung laben, was leicht möglich ist. Ein Wirtshaus am rechten Fleck.

Die fünf Zimmer haben noch kein TV und keine Mini-Bar. Deshalb kosten sie erfreulich wenig. Zwei davon bieten herrliche Sicht aufs Tal, diese werden natürlich gerne von Stammgästen reserviert.

Studerhof (Fam. Fischer)
9, rue de Bâle, 68480 Bettlach, Tel. 0033-(0)3.89.40.71.49, Fax 0033-(0)3.89.40.71.51.

RT: Mo, Di ab 15 Uhr, Mi. Ferien im Juli und August.

Typ: traditionelles gemütliches Dorfgasthaus mit ♣ großer Wiese und Terrasse vor dem Haus.

Übernachten: 5 einfache Zimmer mit Balkon, Dusche auf dem Gang.

Preise: günstig.

Neu gemacht, aber ohne Biergartenkies: Césarhof, Linsdorf

CÉSARHOF – **Linsdorf.** Das beliebte Gartenlokal auf der Waldlichtung, wo es sich beim quart de côte im Schatten der alten Kastanien immer so schön debattieren ließ, ist nicht mehr. An seiner Stelle steht nun ein sauberes Gasthaus, das mit seiner aseptischen Fassade auch in ein Neubaugebiet am Dorfrand passen würde. Der frühere Charme perdu, die gleiche Geschichte wie beim Aigle in Folgensbourg – ein charmantes Gasthaus weniger. Der Stammtisch vom Konstrukteur und Radrennfahrer Hans Schrade wäre heute wohl heimatlos. Verbundsteinplatten können Biergartenkies einfach nicht ersetzen. Was bleibt ist reine Funktion: großer Parkplatz, möglicher Ausgangspunkt für ausgedehnte Waldspaziergänge, Treffpunkt durstiger Radler.

Restaurant Césarhof, 68480 Linsdorf, Tel. 0033-(0)3.89.40.71.03
RT: Dienstag.
Typ: Gasthof in Alleinlage. Nördlich vom Studerhof, an der geräumigen Straßenkreuzung von D 21 und D 473 (3 km südl. Folgensbourg).

Rumtreiben im Sundgau: zwischen Winkel und Hippoltskirch

Wieder so eine Passage zum Gondeln

Das schönste Sträßchen vom Sundgau (D 432/21) führt zwischen Winkel und Hippoltskirch durch charmante Sundgaudörfer mit Riegelhäusern, Dorfbrunnen, Satteldachkirchen und allem, was sonst noch zur Idylle gehört. Und dann auch noch immer wieder an der jungen Ill entlang.

Moulin Bas, Ligsdorf

LE MOULIN BAS – Ligsdorf. Zwischen Ligsdorf und Hippoltskirch malerisch an Ill und Teich steht dann die Moulin Bas. Ursprünglich ein Mühlenanwesen aus dem Jahr 1786, heute beliebter Treffpunkt von Schweizer Cabrio- und Motorradfahrern. Mitten in der weitläufigen Liegenschaft eine nett herausgeputzte Gartenwirtschaft – die Feinschmeckerstuben Le Caveau, Mezzanine und das Elsässerstüble mit Flammkuchen etc. brauchen eigentlich nicht weiter zu interessieren. (Cave: öfter mal Pächter- und Qualitätswechsel!)

Hotel-Restaurant Le Moulin Bas
1, rue de Raedersdorf, 68480 Ligsdorf
Tel. 0033-(0)3.89.40.31.25, www.le-moulin-bas.fr

RT: Dienstag.

Typ: Ausflugsgasthof, ♠ Gartenwirtschaft an der Ill.

Besonderes: ab 19 Uhr Flammkueche (um 8 Euro).

Angebot: 7 Doppelzimmer, 3 Säle für Familientreffs und Tagungen.

Preise: mittel. Menu du jour (nur Mi bis Fr) 12,50 Euro. Abends bis 60 Euro. Doppelzimmer um 90 Euro ohne Frühstück). Hunde erlaubt.

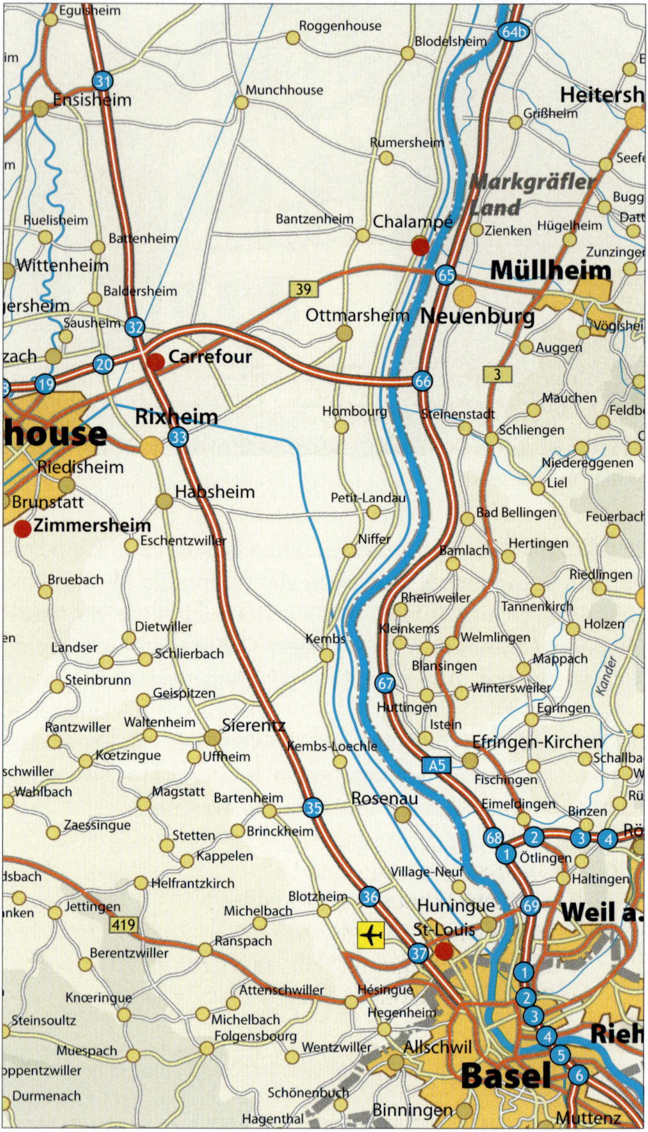
Eguisheim
Roggenhouse
Blodelsheim
64b
31
Ensisheim
Munchhouse
Heitersh
Grißheim
Rumersheim
Markgräfler Land
Ruelisheim
Bantzenheim
Chalampé
Zienken
Hügelheim
Battenheim
Wittenheim
65
Müllheim
39
Baldersheim
Ottmarsheim
Neuenburg
Sausheim
32
Auggen
Carrefour
20
19
66
3
Mauchen
Rixheim
Hombourg
Steinenstadt
Schliengen
33
Riedisheim
Niedereggenen
Liel
Habsheim
Petit-Landau
Brunstatt
Bad Bellingen
Feuerbach
Zimmersheim
Eschentzwiller
Niffer
Bamlach
Hertingen
Bruebach
Riedlingen
Rheinweiler
Tannenkirch
Dietwiller
Kleinkems
Holzen
Landser
Kembs
Welmlingen
Schlierbach
Blansingen
Mappach
Steinbrunn
67
Wintersweiler
Geispitzen
Huttingen
Egringen
Rantzwiller
Waltenheim
Sierentz
Istein
Efringen-Kirchen
Kœtzingue
Kembs-Loechle
Uffheim
A5
Fischingen
Wahlbach
Magstatt
Bartenheim
35
Rosenau
Eimeldingen
Binzen
Zaessingue
Stetten
Brinckheim
68
2
3
4
Kappelen
1
Ötlingen
Village-Neuf
Haltingen
Helfrantzkirch
Jettingen
Blotzheim
36
Huningue
69
Weil a.
419
Michelbach
St-Louis
Ranspach
Berentzwiller
37
1
Knœringue
Attenschwiller
Hésingue
2
Steinsoultz
Michelbach
Hegenheim
3
Folgensbourg
Riehen
Muespach
Wentzwiller
Allschwil
4
5
Basel
6
Durmenach
Schönenbuch
Binningen
Hagenthal
Muttenz

Früher jüdische Textilhandlung, heute Café Littéraire, St. Louis

Im Dreiländereck

CAFÉ LITTÉRAIRE – St. Louis. Ansprechend für Städters Auge wird die Landschaft im Sundgauer-Dreiländereck eigentlich erst westlich von St. Louis und seinen angrenzenden Schlafsiedlungen. Seit 2007 gibt es aber mitten in der Stadt eine lohnende Adresse, die durchaus einen Besuch wert ist, am Wochenende aber leider geschlossen hat: Das Haus David hinter dem Rathaus, früher eine jüdische Textilhandlung, wurde auf Staatskosten von Grund auf renoviert. Gespart wurde an nichts, aber in diesem Fall hat es sich gelohnt: Im schönsten Fachwerkhaus von St. Louis wird heute auf zwei Stockwerken gewirtet. Das Motto „Einrichtung für Literatur, Musik, Kunst und Begegnung" hört sich geschraubt an – einfach nur Zeitung lesen oder Mittagessen geht aber auch.

Café Littéraire
68300 St. Louis, 109 Ave. Gén. de Gaulle, Tel. 0033-3.89.67.49.46.
RT: Sa, So.
Typ: Städtisches Bistro. ♣ Sommerterrasse. Günstige Mittagsgerichte.

Carpe frite in Grenznähe – Du Rhin, Chalampé

Von Chalampé nach Mulhouse

Eine Rheinfahrt anno 1800: „Drei Stunden brauchten sie von Mühlausen bis „Schlambambi"; dort wurde ausgespannt und im schmutzigen Wirtshaus ein schlechter Kaffee getrunken, um das lange Warten abzukürzen." Heute muß niemand mehr auf den Fährmann warten wie Margaretha Spörlin. Das Grenzdorf Chalampé liegt am Rand des kilometerlangen Chemiekombinats, das längs der französischen Rheinseite bis runter nach Ottmarsheim und Hombourg reicht (s.u.). Südlich Chalampé geht es gut zehn Kilometer durch die Industrie von Rhône-Poulenc und Co. Hohe Schlote, die an einem klaren Herbstabend, bei Sonnenuntergang gegen die Vogesen stehend, etwas Monumentales haben. Wir kehren ein im stillen Ortskern von Chalampé, wo eine französisch-lichtblau getünchte Gasthausfassade nicht zu übersehen ist:

Marie-Claude – Restaurant du Rhin, Chalampé

DU RHIN – Chalampé. Freude der Provinz oder: ein einfacher Familienbetrieb ohne Chichi und Moden, unverändert seit Jahrzehnten. Neben den Standardangeboten lockt besonders die Spezialität des Hauses: knuspriger carpe frite (im Bierteig). Fundamental, aber stilecht serviert, nur mit hausgemachter Mayonnaise und einem erfrischenden grünen Salat – die Portionen sind reichlich und kommen deshalb ohne pommes aus! Unter der Woche mittags (aber nur bis ca. 13 Uhr) gibt es immer und manchmal auch noch abends das preiswerte Tagesmenü, das einfach, aber mit Neigung zubereitet wird (abends wird es bei wenig Besuch bald ruhig).

Auffallend die anregend zusammengestellte, stets frische crudité, bisweilen gibt es eine schön gebundene Gemüsesuppe, eine klassische Potage wie früher in jedem Landstraßenrestaurant üblich! Nichts wirkt im großen Hauptraum mit dem geölten Eichenparkett herausgeputzt oder gewollt, vom Hutständer bis zur Baguette-Guillotine, die Dinge sind wie sie sind. Der alte Schwarzweißfernseher fiel irgendwann einer behutsamen Renovierung zum Opfer. Aparter, wintergartenähnlicher Speiseraum als Anbau. Freundlich selbstbewußte Bedienung, kulante Preise (auch beim Wein), entspannte Stimmung. Nach wie vor ein munteres Relikt.

Rest. Du Rhin (Christiane Oesterlé und Marie-Claude Munch)
7, rue P.E. Lucas, 68490 Chalampé, Tel. 0033-(0)3.89.26.05.18.

RT: Sa, im Winter auch So. Für carpe frite vorher anrufen, in den ruhigeren Wintermonaten und während der Sommerferien ebenfalls.

Typ: traditioneller Landgasthof, ideal für den kurzen Grenzwechsel.
Spezialität: carpe frite (im Bierteig).

Preise: mittel, Mittagsmenu um 12 Euro – nur solange „es hät" und nur bis kurz nach 13 Uhr; abends à la carte. La friture de carpes 16 Euro).

Hinter der Rheinbrücke gehts auf der pappelgesäumten D 39 kerzengerade durch den Hardtwald. Vorbei am Peugeot-Werk, mittlerweile der größte private Arbeitgeber im Elsaß (seit 1971 wurden hier auf einem 320 Hektar großen Areal Autos gebaut, täglich 1800 Fahrzeuge, im Jahr rund 450.000 Stück).

■ **CARREFOUR, Hypermarché** – **Ile Napoléon**. Das Carrefour-Schild am großen Kreisel ist nicht zu übersehen. Neben den *Cora*-Märkten ist Carrefour der große, hypergroße Supermarkt im südlichen Elsass, wie üblich inszeniert als Konsumrollfeld. Zunächst ein weiter Parkplatz, mit Merguezbude, Waschstraße und angeschlossenem Heimwerkermarkt, dann die übliche Boutiquengass in der Eingangszone. Die Läden in der Shopping Mall bieten Nonfood und Fast Food, auch Uhren, Brillen, Parfüm, Décoration und jardinage.

Nun zum Eigentlichen: Neben dem üblichen Supermarktangebot, das zwischen Dänemark und Portugal immer ähnlicher wird, gibt es hier (speziell am Wochenende – ab Don-

Alles schön bunt – Hypermarché in Mulhouse

nerstag) ein frisches, vergleichsweise preiswertes Angebot an **Fisch, Muscheln und Krustentieren** (aber Achtung, das meiste stammt mittlerweile aus élévage, also Zucht). Die Bedienungsmannschaft filetiert fix (freilich nicht immer kundig oder gar mit Feingefühl. Ein qualitativ besseres Fisch-Angebot bietet der *Super U* in Brunstatt, vgl. dort).

Beachtlich bleibt, wie in allen französischen Märkten, die große Auswahl an Frischgeflügel (Enten, Truthähne, Huhn aller Qualitätsstufen, leider keine mehr aus der Bresse. Zu Festtagen auch Spezialitäten wie Kapaun!). Hinzu kommt eine breite Wildauswahl (Kaninchen, Hase!).

Allein das Angebot an Fisch und Geflügel lohnt – im Vergleich mit der deutschen Ware – einen Umweg. Bei Obst und Gemüse geht Quantität allerdings deutlich vor Qualität. Die Käsetheke ist besser und preiswerter bestückt als in größten deutschen Supermärkten. Das Käseangebot erreicht aber nicht die Güte der am anderen Ort empfohlenen Fachhändler. Sehr gut die Bio-Sorten wie Comté biologique, Roquefort, die kleinen Ziegenfrischkäse. Achten Sie auch auf die Bezeichnung „au lait cru“, Rohmilchkäse – die schmecken halt einfach besser als aus pasteurisierter Milch.

Das Brotangebot im Supermarkt innen (also hinter den Kassen) ist gewohnt groß, die Qualität aber dürftig. Weit besseres Brot gibt es jedoch außerhalb, an der Ladenzeile gegenüber den Kassen – hier ist eine leistungsfähige Zweigstelle der Boulangerie *Paul* (s.S. 267) – mit Sitzgelegenheit, wo auch Kleinigkeiten wie Kuchen, Sandwiches und Salat serviert werden. Vergessen Sie das Brotangebot im Supermarkt drinnen!

Carrefour, Centre Commercial Ile Napoléon, Rue Berne, 68100 Illzach
Öffnungszeiten: werktags von 8.30 bis 21 Uhr, samstags von 8.30 bis 20 Uhr.

Angebot: Große Fisch- und Käsetheke.

Anfahrt: A 36 Ausfahrt Ile Napoléon. Oder Landstraße: vom Grenzübergang Neuenburg direkt an der Strecke Chalampé-Mulhouse, nach ca. 13 km – am großen Kreisverkehr des Verkehrsknotens Ile Napoleon und nicht zu übersehen.

Vitale Provinz im rosa Restaurant – Jules, Zimmersheim

JULES – Zimmersheim. Seit der Eröffnung vor gut neun Jahren ein kulinarischer Treff, in einem unauffälligen Dorf südlich von Mulhouse. Mittags und abends ist die Kurve am Ortsausgang Richtung Riedisheim/Mulhouse zuverlässig zugeparkt. Das Tagesangebot repräsentiert in Stil und Preis gehobene Bistroküche, die steht, angereichert um Elsässer Klassiker, auf der Kreidetafel am Eingang. Seit Beginn überzeugt die Küche zwar nur partiell, manches kommt auch recht derb, aber das macht eben nur einen Teil der Veranstaltung aus: die Atmosphäre stimmt – kommunikativ, persönlich, ein wenig altes Frankreich im renovierten Eckhaus an der Straße. Jules, alias Philippe Breitenstein, ist ein Vollblutwirt (und Menschenflüsterer). Sein Konzept geht in Ordnung – die Gästezahlen geben ihm recht.

Restaurant Jules (Philippe Breitenstein), 5, rue de Mulhouse, 68440 Zimmersheim, Tel. 0033 (0)3.89.64.37.80, www.restojules.fr

Geöffnet 7 Tage die Woche, Samstagmittag geschlossen.
Typ: Dorfbistrot, ♠ kleine Gehwegterrasse
Preise: mittel (Mittagsmenu 15 Euro, abends 28 - 34 Euro).

Kathedrale St. Etienne und Europaturm

Mulhouse

Mulhouse war, ist und bleibt – auch nach der aufwendigen Straßenbahn-Einführung – eher eine triste Industriestadt, umringt von reizlosen Vorstädten und „sensiblen Zonen" wie es heute so entlarvend deppert heißt. Auch im Zentrum mit der engen, herben Fußgängerzone wirkt die Stadt immer noch gewöhnungsbedürftig, abschnittsweise auch verlottert. Pardon Mulhouse!

Der Weg ins Zentrum verläuft aus allen Richtungen gleich: breite Straßen führen durch eine schier amerikanische wirkende Schachtelarchitektur aus Lagerhallen und Einkaufsboxen, dazwischen die tristen Außenbezirke. In der Stadtmitte der alles überragende, von unten bis oben nur häßliche Europaturm (Beton – es kommt drauf an, was man draus macht!). Der Bau in spätsowjetischer Sputnikarchitektur, der einen Zwillingsbruder in Bukarest hat (100 m hoch, 1972 ge-

Käseladen Butterblume und Chocolatier Jacques an der Place de la Réunion

baut nach Plänen des Architekten Spoerry, mit futuristischem Drehrestaurant), sollte wohl zum Wahrzeichen der neuen Stadtmitte werden, heute steht er isoliert wie ein ungeliebtes Mahnmal in der Stadt und erinnert an eine Dynamik, die erloschen ist. Auch nach der Neugestaltung der Umgebung 2005 hat sich wenig geändert. Bei solcher Ausstattung wird es zwischen Mulhouse und dem Folkloretourismus immer Probleme geben. Außer bescheidenem Nachbarschaftstourismus bleibt es bei Zufallsgästen. Das Fehlen von Romantikgassen und klassisch Sehenswertem hat aber auch seine Vorteile: Kaum funktionslos umherirrende Touristen, keine Bimmelbahn- und Drosselgassenstimmung wie in Colmar oder Straßburg.

Außerdem wird Mühlhausens Mangel an Weinstraßenromantik von immerhin fünf großen Museen (s.S. 52ff) kompensiert und dreimal in der Woche von einem interessanten Markt am Canal Couvert – der hohe Ausländeranteil sorgt hier für reichlich soziale und kulinarische Exotik.

123 Bugattis und viel mehr, Automobilmuseum Mulhouse

Mülhausens Museen

MUSÉE NATIONAL DE L'AUTOMOBILE – Mulhouse. Rascher Wohlstand und erlesener Geschmack geben sich selten die Hand, das wird einem auch im Automobilmuseum vorgeführt, auf die lustvolle, manchmal auch auf nachdenkliche Art. Zu sehen ist die größte Automobilsammlung der Welt. (Vorsicht Ästheten: Ein Besuch könnte Folgen haben.)

Bei aller Pracht, letztendlich ruinös war der Zwang zum finalen Sammeln schon für die Gründer der Sammlung, die Gebrüder F. und H. Schlumpf (zu Geld gekommen als Textilkönige des Elsass). Wie jedem wahren Sammler wurde auch ihnen die Leidenschaft zum Verhängnis. Ein Schlumpf-Motto zeugt von solider Sucht: *„Der Wagen, den ich nicht besitze, ist der, den ich noch brauche."* 1976 war die Sammlung endlich weltberühmt, das Unternehmen endgültig bankrott.

Der Schlumpf'sche Trieb war allerdings spezifisch ausgebildet, besonders auf die Kraftwagen von Ettore Bugatti hatten

Heckmotormodell von Mercedes-Benz (1937, Ferdinand Porsche)

es die Gebrüder abgesehen. Praktischerweise baute der seine Fahrzeuge im elsässischen Molsheim, gerade 100 Kilometer vom Hauptsitz der Gebrüder Schlumpf in Malmersbach entfernt. Zur Besichtigung steht alles, was zu kaufen war: 123 Bugattis, darunter das Schmuckstück, der *Bugatti Royale typ 41*, coupé Napoléon von 1930 – das persönliche Auto von Ettore Bugatti, wohl das berühmteste Auto der Welt und noch einiges mehr (440 weitere historische Karossen wie Hispano-Suizas, Panhards und Sportmobile von BMW und Porsche – Schlumpf interessierte sich ausschließlich für europäische Wagen). Ausgestellt seit 1982, auf insgesamt zwei Kilometer langen Gängen, im ehemaligen Fabrikgebäude. 900 Barockleuchten lassen den Lack funkeln (feuchte Sammleraugen auch).

Schlumpf besuchte seine Sammlung übrigens nur einmal, im September 1999, zwei Jahre vor seinem Tod im Basler Exil – ein kurzes Winken zum Bugatti Royal Coupé Napoléon war seine einzige Regung (zu sehen auf dem Video, das im ersten Ausstellungsraum hinter der Eingangshalle läuft).

Beim Rundgang durch das Museum erwirbt man nebenbei noch TV-taugliches Millionärswissen: etwa, daß der Autoliebhaber Emile Jellinjek, der zusammen mit Daimler ein Modell produzierte, eine Tochter mit Namen „Mercedes" hatte; daß „Audi" die lat. Übersetzung von „Horch" ist; daß der Bankier und Rennfahrer Pierre-Louis Dreyfus manchmal unter dem Namen „Ano Nym" Rennen fuhr; daß der dreistrahlige Mercedes-Stern die Motorisierung zu Land, zu Wasser und in der Luft symbolisiert; daß der Mercedes-Benz „Coach Decouvrable" von 1937 (siehe Foto) nicht zufällig aussieht wie der berühmte Käfer: beide sind von Ferdinand Porsche entwickelt. Und dann noch ein bißchen Geschichte: Die pneumatische Federung ermöglichte es dem Citrôen Berline DS 23 von 1975, noch auf drei Rädern flott dahinzufahren, ein automobiles Kabinettsstück, das General de Gaulle bei einem Attentat das Leben rettete. Und im Leistungsverzeichnis des 2CV (der Ente) von 1954 ist zu lesen: *„Ein Fahrzeug, das zwei Landwirte in Holzschuhen, 50 kg Kartoffeln und ein Fässchen mit einer Höchstgeschwindigkeit von 60 km/h befördern kann."* Weitere Details vor Ort, ein Besuch lohnt sich.

Musée National de l'Automobile

192, av. de Colmar, 68100 Mulhouse. Ab Autobahnausfahrt Mulhouse-Centre und -Ouest ausgeschildert. Tel. 0033-(0)3.89.33.23.33, www.collection-schlumpf.com

Eintritt: um 10 Euro. Verbundkarte mit Eisenbahnmuseum um 17 Euro.

Öffnungszeiten: Täglich 10 bis 17, im Sommer bis 18 Uhr, im Winter wochentags 13 bis 17 Uhr. 25. Dezember geschlossen.

Ausstellung: mehr als 500 Fahrzeuge von 98 verschiedenen Automarken auf 20 000 m² Fläche.

Schwarz-blau ans Meer: Méditerranée Express

MUSÉE DU CHEMIN DE FER – **Mulhouse.** Nicht nur schöne Schmetterlinge verschwinden langsam, auch das Reisen ist um einige seiner Spielarten ärmer geworden. Etwa um die Möglichkeit, Nacht für Nacht von Paris an die Côte d'Azur, im schwarzblauen *Méditerranée Express*. Heute legt der *TGV (Train à grande vitesse)* die 892 Kilometer von Paris nach Marseille in knapp vier Stunden zurück und von Paris nach Strasbourg dauert es gerade mal 2 h 20 min. Also kein Wegschlummern im Luxusabteil des *Train Bleu*, der auch Agatha Christie inspiriert hat. Kein Frühstück beim Transit der Provence und am Morgen erholt in die Sonne Nizzas blinzeln – all das war bis 1929 möglich.

Anfang des 20. Jahrhunderts gab es für die Pariser Belegschaft des *Orient Express* folgende Dienstvorschrift: „Die Tische müssen eine halbe Stunde vor Anfahrt gedeckt und mit frischen Blumen in den Kristallvasen geschmückt sein. Auf jeden Tisch ist ein mit Tinte in französischer Sprache sauber geschriebenes Menü zu legen." Danach hatte sich der Kellner

„mit angezogenen Handschuhen am Perron zur Verfügung der Reisenden zu halten.“ Dazu eine Leserstimme aus dem Jahr 2006: *„Sie könnten bei Gelegenheit auf die katastrophale Situation des ÖPNV in dieser sonst sehr attraktiven ruhigen Region hinweisen. Z.B. an einem Sonntag von Basel nach Altkirch in nur rund 3 Stunden mit einer Stunde Aufenthalt in einem von den Bewohnern verlassenen Mulhouse bei überteuertem cafe au lait ...*

In Zeiten, wo Speisewagen vom Bistrôt-Treff abgelöst werden, sollte man sich wenigstens erinnern dürfen. Im Musée du Chemin de Fer kommt die Phantasie unter Dampf. Die wichtigsten Etappen der französischen Eisenbahngeschichte werden dokumentiert: auf 12 nebeneinanderliegenden Gleisen und 1.350 m Schienen stehen restaurierte Lokomotiven, Dieselloks, Triebwagen und Güterwagen – und es riecht hier noch eine Spur so, wie früher auf dem Güterbahnhof.

Oder, auch so ein Schaustück: der Komfort-Reisezugwagen von 1850, eine Fußbank für den Gast, mit Pflanzenöl gespeiste Lampen, die Tischchen im Speisewagen, rührend der Grand-Hotel Atmosphäre nachempfunden. Liebevoll gedeckt, wie wir dies heute in keinem Restaurant mehr antreffen. Die ungeheure Zahl der Kupferkasserollen in der Bordküche.

Die angeschlossene Cafeteria Pullman Ambassadeur holt einen allerdings wieder in die Realität. Trotzdem, genug Zeit mitbringen – es lohnt sich (im Winter die Mütze nicht vergessen, in den großen, ungeheizten Hallen kann's bitterkalt werden wie in der 3. Klasse).

Musée Français du Chemin de Fer, 2, rue Alfred de Glehn (benannt nach einem der Großen in der Geschichte der Dampfmaschinen), 68200 Mulhouse. Tel. 0033-(0)3.89.42.25.67, www.ot.ville-mulhouse.fr

Eintritt: um 8 Euro

Öffnungszeiten: Anfang April bis Ende September tägl. 9-18 Uhr; Okt. bis Ende März tägl. 9-17 Uhr. Weihnachten und Neujahr geschlossen.

Ausstellung: 35 Dampflokomotiven, 14 Elektro- und 11 Dieselloks.

Anfahrt auf der A 36: Ausfahrt Mulhouse-Ouest (gut beschildert).

■ **Musée du Sapeur-pompier** im Nebengebäude des Eisenbahnmuseums dokumentiert die Geschichte der Feuerwehrmänner, ihren Einsatz bei Großbränden, die Entwicklung der Pumpen seit dem 18. Jahrhundert, Uniformen aus verschiedenen Ländern etc. Gleiche Adresse und Öffnungszeiten wie das Eisenbahnmuseum. Die Eintrittskarte gilt auch hier.

■ **Musée EDF Electropolis.** In einem neuen, futuristisch anmutenden Gebäude gegenüber vom Eisenbahnmuseum betreibt „Electricité de France" Imagepflege und Volksbildung: auf gut 4000 Quadratmetern wird die Geschichte der elektrischen Energie gezeigt. Eine Revue vom 18. Jahrhundert bis heute – nicht knochentrocken, aber auch nicht mit Animation und pädagogischem Tingeltangel überstrapaziert: rue du Pâturage (beim Eisenbahnmuseum), www.electropolis.tm.fr, Tel. 0033-(0)3.89.32.48.60, Eintritt 8 Euro (Verbundkarte mit Eisenbahnmuseum erhältlich). Täglich 10 bis 17 Uhr, montags geschlossen.

„Museumsbesuche sind für unsereins eine angenehme Routine, sie sind natürlicher Teil des Lebens, eine gern genutzte Alternative bei schlechtem Wetter und natürlich auch ein Freiraum vor den Zumutungen der Moderne, der Massenkultur."

DON ALPHONSO im FAZ-Blog „Stützen der Gesellschaft" vom 23. Juni 2009 (http://faz-community.faz.net/blogs/stuetzen/archive)

MUSÉE DE L'IMPRESSION SUR ETOFFES – **Mulhouse.** Das Stoffmuseum steht in einem der wenigen schönen Stadtquartiere mit großzügigen Arkadenreihen zwischen Bahnhof und dem ehemaligen Baslertor – noch heute ein Beispiel lange gültiger Stadtplanung. Mit dem Museum sollte gleichzeitig eine Art Verwertungsgesellschaft für Stoffdesign entstehen, ähnlich der deutschen GEMA für Musikrechte). Eine zentrale Dienststelle also, die Copyright-Überwachung und Vergabe von Stoffmusterrechten betreibt. Mit dazu gehörte ein Verzeichnis der Gewebezeichen sowie hinterlegte Originalmuster. Die Sammlung umfaßt heute mehr als 3 Millionen copyrightfreie Muster und Papierabdrücke (von Ende des

Handbetriebene Stoffdruckmaschine von 1835

18. Jahrhunderts bis 1940), neue Entwürfe sind 50 Jahre lang gesetzlich geschützt. Hier holen sich also Herr und Frau Designer – von Christian Dior bis Paloma Picasso – ihre neuen, im Grunde gut abgehangenen Ideen. Auch wer weniger gewe(r)blich orientiert ist, findet Interessantes.

Das Museum wurde zwischen 1994 und 1996 neu und ausgesprochen gelungen gestaltet: im Erdgeschoß Exponate zur Geschichte des Stoffdrucks in Mulhouse – nicht knochentrokken aufbereitet: Die erste Manufaktur in Mulhouse KOECHLIN, SCHMALTZER ET CIE (1746) wurde von vier jungen Bürgern aus wohlhabenden Familien der Stadt gegründet, darunter der junge Dollfus, ein Enkel des Bürgermeisters.

Sammlung der Holzmodel im Stoffmuseum, Mulhouse

Dann geht's in die Details des Stoffdrucks: zunächst die verschiedenen Farblieferanten: vom indischen Indigobusch, der die natürliche Farbe für Blau liefert, über die Schildlaus (Cochenille) bis zur Resede oder Gelbholz, dem sog. „Maulbeerbaum der Färber". Verschiedene Arbeitsgänge des Stoffdrucks werden gezeigt, die Färbereivorgänge und Produktionstechniken (Handdruck mit Holzmodeln und gravierten Kupferplatten), die Gravuren-Werkstatt eines Kupferstechers, wo zum Druck nötige Model und Walzen angefertigt wurden. Beeindruckend, wie die Tiefenwirkung der Muster mit Hilfe von gravierten Kupferplatten entstand: je tiefer die Gravur, desto mehr Farbe konnte sich darin festsetzen, desto stärker später die Tiefe der Muster – selbst bei einfarbigem Druck.

Im ersten Stock stehen alte handbetriebene Maschinen – sie lieferten 200 m Stoff pro Tag (mit modernen Maschinen können heute 50 bis 100 m Stoff pro Minute bedruckt werden) – für ein aufwendiges Kleid wurden damals immerhin 15 m Stoff verarbeitet. Mit der Erfindung des Endlosdrucks wurde die Produktion weiter gesteigert.

Musée de l'Impression sur Etoffes, Mulhouse

Musée de L'Impression sur Etoffes
14, rue Jean-Jacques Henner (100 m vom Bahnhof), 68072 Mulhouse
Tel. 0033-(0)3.89.46.83.00. www.musee-impression.com

Öffnungszeiten: Täglich geöffnet von 10 bis 12 Uhr und 14 bis 18 Uhr, außer 1. Januar, 1. Mai und 25. Dezember.

Eintritt: 7 Euro (Verbundkarte zusammen mit dem Musée de Papier Peint: 11 Euro). Tägl. von 10-18 Uhr.

- **Museumsboutique, Café des Indiennes** im Eingangsbereich. Hier werden Stoffe, Tücher, Tischtücher und Servietten verkauft, die nach den alten Modellen des Museums hergestellt werden. Wählen Sie zwischen dem „Sturm auf die Bastille" und den üppigen Elsässer Blumenornamenten, den geliebten Spinn- und Pfingstrosen. Außerdem im Angebot: Coromandel, einer der ersten „Indiennes" – so heißen die bunt bedruckten Kattunstoffe aus Indien, die in Europa im 18. Jahrhundert in Mode kamen).

- **Museumsbibliothek.** Sie umfaßt über 8.000 Bände und Modemagazine von 1890 bis heute. Außerdem eine Fotosammlung von Adolph Braun (1811-1877), vielbeachtet auch von heutigen Modedesignern. Nur nach Voranmeldung: Tel. 0033-(0)3.86.46.83.03.

- **Le S.U.D** (Service d'Utilisation des Documents). Viele Designs der Sammlung von über 3 Mill. Stoffmustern können direkt über den Computer abgefragt werden. Nur nach Voranmeldung: Mo bis Fr von 10-12 und 14-17 Uhr.

MUSÉE DU PAPIER PEINT – Rixheim. Auch die Umgebung von Mulhouse ist kein Ziel für Romantiker: Rixheim (5 km östl. Mulhouse) liegt schon dicht bei den Peugeotwerken im Harthwald. Eine typische Vorstadt, mit den Schlafsiedlungen von Mulhouse verbunden. Wo Rixheim noch am ansehnlichsten ist, am alten nördlichen Dorfrand, steht das Tapetenmuseum: Wenige Bauten im südlichen Elsass sind so eindrucksvoll wie die *Commanderie* von Rixheim, die zwischen 1735 und 1738 für die *Chevaliers Teutoniques*, den Deutschritterorden, gebaut wurde. In dem Gebäude wurde 1797 zunächst eine

Vues d'Amerique du Nord (1834), Tapetenmuseum Rixheim

Tapetenfabrik gegründet, 1983 entstand das Tapetenmuseum im rechten Flügel, direkt gegenüber der heutigen Tapetenfabrik ZUBER.

Wer vom schick renovierten Automobilmuseum kommt, sollte bedenken, daß Tapeten nicht so populär sind wie Automobile. In Rixheim wartet ein kleines Museum ohne Multimediaapplikationen – der Filmvorführraum ist winzig, aber er erfüllt seinen Zweck. Im Sommer kann's unterm Dach auch mal stickig werden – ein bißchen verwunschen das Ganze, ein bißchen ein Aschenputtelplatz, trotzdem lohnend.

Commanderie in Rixheim

Jean Zuber (1773-1852), ein besessener Techniker, machte die Tapetenfabrik von Rixheim weltberühmt. Zuber entwickelte den Endlosdruck auf Papierrollen und zauberte Illusionen an die Wand, die moderne Fototapeten zur Farce degradieren. Im 19. Jhdt lag die Herstellung von Bildtapeten *(papier peint)* exklusiv in französischer Hand, 30 bis 50% der Produktion wurde ausgeführt, zur Hälfte nach Amerika. Einer der großen Träume von Zuber waren orientalische Gärten. Damit seine Designer, *Dessinateure* genannt, nicht einfach losphantasierten, ließ er im angrenzenden Park seltene Pflanzen und Bäume setzen und ein Gewächshaus für Exoten anlegen! Der Park ist nur sonntagnachmittags geöffnet.

Rundgang: Im Erdgeschoß wird die Entwicklung der Drucktechnik dokumentiert – vom Holzdruckverfahren bis zu den ersten mächtigen Druckmaschinen mit 12 und 16 Farben! Im obersten Stock hängen die gedruckten Wunder: Weltreisen auf Tapeten festgehalten, panoramische Ansichten der Fremde. Diese Bildtapeten sind auf einer Reihe von Bahnen gedruckte

Landschaften, die rundum alle Wände eines Raumes bedekken. Sie waren für jene bürgerliche Kundschaft bestimmt, für die eine Traumreise noch nicht in Frage kam. Eine solche Wandtapete kostete aber immerhin 120 Francs, was dem damaligen Jahresgehalt eines Dienstmädchens entspricht. Die Panoramatapeten heißen z.B. *Eldorado* – eine 60 Quadratmeter aus dem Jahre 1848, gefertigt mit 1554 Holzmodeln und 210 verschiedenen Farben. Oder *Vues d'Amerique du Nord* von 1834 (223 Farben, 1690 Druckmodelle, 32 Bahnen, siehe Foto).

Die wertvollen Model, von denen einige 150 Jahre alt sind, werden im Museum aufbewahrt und von Zuber & Cie heute noch verwendet. Einige Panoramatapeten werden bis heute noch produziert. Natürlich von Hand, nach einer Methode, die Jean Zuber 1834 entwickelt hat. Anfang des Jahrtausends war *Eldorado* gefragt, nach dem Abverkauf fehlt ein Motiv dann länger im Sortiment, denn bis eine solche Panoramatapete nachgedruckt ist, dauert es fast ein Jahr. Entsprechend die Preise: *Les grandes chasses* sind seit 12 Jahren das erste Mal im Druck – ihr Preis: rund 13 500 Euro (ohne Tapezierkosten von 150 Euro pro Bahn, bei 32 Bahnen). An Kundschaft mangelt es nicht, Zuber unterhält Schauräume in Dubai, London, New York, Los Angeles und Paris. Die Zuber-Originaldrucke werden in den großen Auktionshäusern versteigert. Die „Ansichten von Nordamerika" gingen an Jacqueline Kennedy, die damit das Oval Office ausstatten ließ, in einem anderen Saal des Weißen Hauses hängen die „Unabhängigkeitskriege".

Musée du Papier Peint, 28, rue Zuber, 68171 Rixheim
Tel. 0033-(0)3.89.64.24.56, www.museepapierpeint.org
Öffnungszeiten: täglich von 10-12 und 14-18 Uhr. Di geschlossen.
Vorführungen vom 1. Juli bis 15. September Di, Do, Sa um 15 Uhr.
Eintritt: 6 Euro. Verbundkarte zus. mit dem Stoffmuseum: 10 Euro.
Anfahrt: A 35, Ausfahrt Rixheim.

Die Homepage aller Museen in Mulhouse und Umgebung:
www.musees-mulhouse.fr

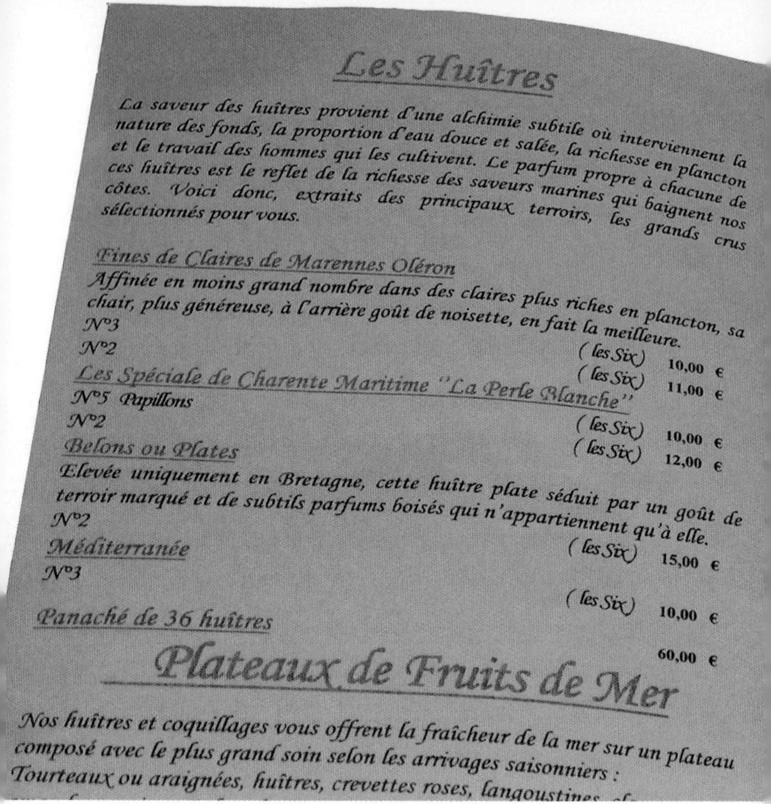

Einkehren und Einkaufen

Statt halbgarer Experimente drei sichere Adressen an der Ausfallstraße von Mulhouse Richtung Altkirch: Eine breite und frische Auswahl an Fischen und Krustentieren im Bistrot à Huîtres; schräg gegenüber vom Austernbistro das Stammhaus der Confiserie Jacques. Und weiter Richtung Altkirch dann noch ein Supermarkt mit hervorragendem Fischangebot. Der Reihe nach:

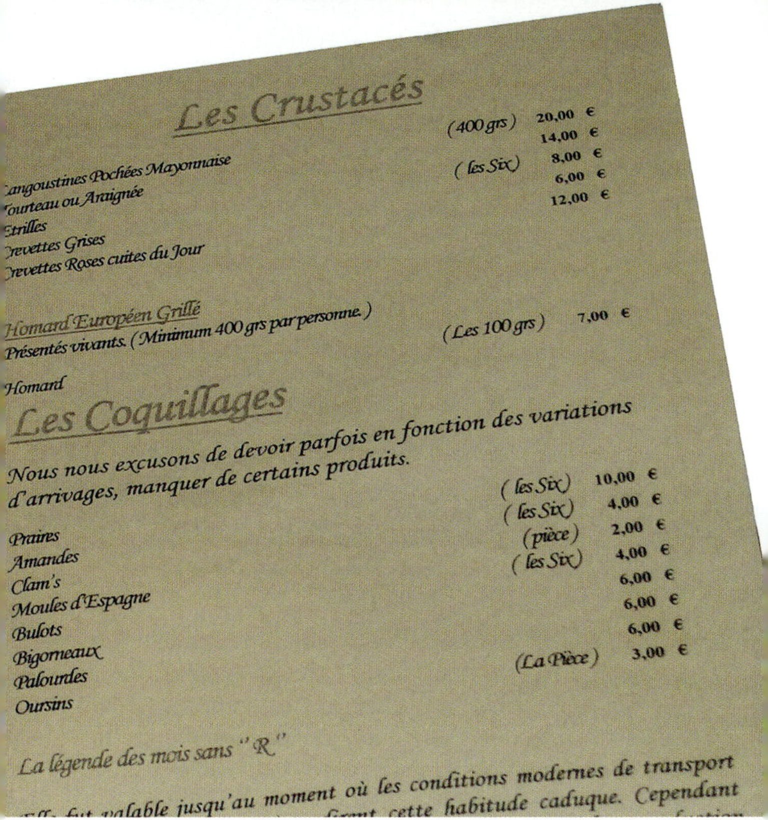

LE BISTROT À HUÎTRES – **Mulhouse. Der Atlantik am Eck:** Ein Bistrot am Rande Mülhausens, gradlinig, unverdorben und über die Jahre zu einem sicheren Hafen für maritime Genüsse geworden. Das Austernbistro bietet ein tagesfrisches Angebot an Meeresfrüchten, die – wie eine Visitenkarte – vor dem Eingang präsentiert werden. Ein Restaurant, das seine Ware mit Stolz präsentiert, ist eine Seltenheit geworden, auch im Elsass.

Küchenchef Bertrand Meissner und sein Chef de service

Dabei liegt das kleine Bistrot an einer grauen Ecke der Stadt, nur die Jugendstilhäuser am Hang erinnern noch an die ehemals bürgerlichen Verhältnisse im Viertel. Unspektakulär wie die Umgebung sind auch die Innenräume des Restaurants – es zählt das Produkt. Einfach, frisch, unkompliziert, so das Konzept des Bistrots, das Bertrand Meissner und Frau Christine nun schon seit über 12 Jahren umtreiben. Die unprätentiöse Einrichtung, das konsequente Meeresfrüchteangebot, das kommt an. Der Laden brummt, man sitzt schlicht und ißt himmlisch. In erster Linie Meeresfrüchte, die man so breit und so frisch vielleicht in der Bretagne, in Galicien oder sonstwo am Meer erwarten würde.

Im kleinen Bistrot ist mittags und abends Betrieb. Und die Gäste sind so erfrischend unterschiedlich, daß sich bei den ersten Anzeichen von Unlust oder Lebensverdruß ein Besuch aufdrängt: Zwei Geschäftsleute am Nebentisch räumen mittags eine zweistöckige Meeresfrüchteplatte ab. Ein älterer Herr mit Fliege bedankt sich nach dem Mahl überschweng-

Vom Eis zum Gast: Meeresfrüchtetheke vor dem Austernbistrot

lich bei der Wirtin, zum Autofahren legt er Lederhandschuhe an. Eine einzelne Dame besteht auf zwei Dutzend Austern – sonst nichts.

Angeboten wird, was Krusten oder Stacheln trägt und aus dem Meer kommt: Austern, Muscheln, Schnecken, Seeigel, Krebse, bretonische Langusten und Hummer, dazu drei, vier Sorten Fisch und ein paar Standards. In der Küche passiert so wenig wie möglich, was bei Meeresfrüchten ja zu den besten Ergebnissen führt. Die kombinierten „Plateaux de Fruits de Mer" werden auf einer Etagère gestoßenen Eises serviert, dazu Vinaigrette, Butter und Brot. Auf der opulenten Meeresfrüchte-Platte (für 1-4 Pers.) ist alles, was Rang und Namen hat, versammelt. Zudem hat der Koch eine Hand für Fisch, er grillt auf den Punkt, mariniert gekonnt, unterstreicht mit Olivenöl und Zitronensaft, fertig. Schon das kleine Mittagsmenü (z.B: eine Fischsuppe vorweg, gegrillte Dorade mit Basmati-Reis und Artischocken, Dessert, um 20 Euro) wäre anderswo bei doppeltem Preise kaum so zu bekommen. Abends gibt es

Kleinlebewesen als Amuse gueule

ein etwas größeres Menü um 25 Euro sowie die Freuden des Meeres, nicht billig, aber bezahlbar; zurückhaltend kalkulierte Weine in breiter Auswahl. Effizienter Service, gutes Betriebsklima. Bedenkenträger, Mehrzweckhallen, Ausgleichsflächen – die kleinen Fluchten sind rar geworden. Hier ist eine. Und hinterher riechen die Finger ein wenig nach Meer. Danke, kleines Bistrot!

Le Bistrot à Huîtres (Bertrand und Christine Meissner). 2, rue du Moenschberg, 68100 Mulhouse. An der Straße Richtung Altkirch, südl. vom Bahnhof. Erkennbar an der grünen Markise und den Austernständen im Freien. Tel. 0033-(0)3.89.64.01.60.

RT: So, Mo. Ferien im August.

Typ: Angenehm unprätentiöses Eckrestaurant mit großem Meeresfrüchte- und Fischangebot.

Preise: mittel (Fischsuppe 7, sechs Austern ab 11 Euro, Tagesfische um 22 Euro, kl. Mittagsmenu 20 Euro, Meeresfrüchteplatten ab 29 Euro).

Der diskrete Reiz der Patisserie: Jacques, Mulhouse

▪ **JACQUES, Pâtissier-Chocolatier** – **Mulhouse.** Das Stammhaus mit der Werkstatt (Laboratoire) auf zwei Etagen liegt schräg gegenüber vom Austernbistrot. Im Verkaufsraum ein verlockendes, qualitativ hervorragendes Angebot an süßem Naschwerk, darunter hochfeines Teegebäck. Sonntags geöffnet! *Gérard Bannwarth* setzt auf ausgezeichnete Grundprodukte von Herstellern, die genauso qualitätsbewußt arbeiten wie er – und er nennt auch seine wichtigsten Lieferanten: alle Milchprodukte stammen von der Coopérative laitière d'Echiré; die Schokoladencouverture von Valrhona in Tain l'Hermitage, Trockenfrüchte und Mandeln kommen aus Spanien, die Nüsse aus dem Piemont. Tagesfrische Eier von der Ferme Val Oeuf de Riedisheim gleich um die Ecke, wo die Hühner mit Körner gefüttert werden. Und die frische Milch vom Biohof Sirlin in Heimsbrunn. Das Hausmotto: *„On ne fait du bon qu'avec du très bon."*

Genauso wichtig wie die Qualität der Ausgangsprodukte: Frische – keine langen Transportwege! Deshalb werden Jacques-Produkte nur in den zwei Ladengeschäften in Mulhouse verkauft. Filialen, Transportprobleme und Überlagerung gibt es nicht (so war es früher einmal bei Sprüngli).

Jacques Angebot: Luxustörtchen, petits fours und Gebäck, alles in kleinen Größen und nicht, wie bei uns üblich, in unbezwingbarem Format. Auch feinstes Teegebäck (diverse Größen, ab 8 Euro), Millefeuille, Linzertorte etc. Die Pralinées von Jacques bergen Suchtgefahr (Abgabe in 3 Größen ab ca. 16 Euro). Außerdem im Angebot: über 20 verschiedene Eissorten und Sorbets. Freilich sind Jacques' Confiserie-Produkte nicht billig – sie können nicht billig sein.

Der kleinere Laden liegt direkt am Marktplatz neben dem Käsegeschäft Butterblume (s.u.). Beide Ladenlokale beeindrucken mit klinischer Sauberkeit. Zu Jacques gehört außerdem das moderne, etwas ungemütliche *Café Mozart* nebenan im ersten Stock der insgesamt etwas verunglückten Einkaufspassage Espace Réunion. Aber egal, auch hier werden die herrlichen Teilchen serviert, mit großzügiger Aussicht über den Marktplatz und auf den Temple Saint-Etienne. Gutes Teeangebot. (Über Mittag werden täglich wechselnde kleine Gerichte angeboten – bleiben Sie besser beim Kuchen!) Im Sommer wird auch auf dem Marktplatz serviert.

Jacques (Fam. Bannwarth), www.patisserie-jacques.com

Hauptgeschäft und Laboratoire: 50-52 av. d'Altkirch, 68100 Mulhouse, Tel. 0033-(0)3.89.44.86.84. Hier auch Sonntagsverkauf.

Altstadtgeschäft: 1, pl. de la Réunion, 68200 Mulhouse, Tel. 0033-(0)3.89.66.45.46. Von 7 bis 19 Uhr. Mo, Di (außer Dezember) geschl.

Café Mozart, 25, pl. de la Réunion, 68200 Mulhouse, Mo bis Sa 11.30 - 19.00 Uhr, im Sommer ab 8.30 Uhr, So geschlossen.

Frisch bestückt – Fischtheke im Super U, Brunstatt

■ **SUPER U – Mulhouse-Brunstatt.** Eine, wenn nicht *die* erstklassige Fisch- und Meeresfrüchtequelle im Oberelsass. Brunstatt liegt reizlos an der Ausfallstraße von Mulhouse nach Altkirch, sicher kein übliches Touristenziel. Und auf den ersten Blick wirkt auch der Zweckbau mitten im Ort wie ein üblicher Supermarkt, eben ganz Super U. Das Obst- und Gemüseangebot bleibt auch noch ganz auf dem gewohntem Supermarktniveau. Aber spätestens an der Fischtheke glaubt der Besucher, er steht am Meer. Nach Vielfalt, Präsentation und Preis zählt der Platz mittlerweile zu den attraktivsten Fisch- und Meeresfrüchtequellen im Oberelsass (der meterlange Eis-Tresen ist viel reicher bestückt als etwa bei Carrefour, auch anspruchsvolle deutsche Kundschaft fährt extra hierher zum Fischkauf). Auffallend auch die Freundlichkeit und Sorgfalt des Personals bei Auswahl und Ausnehmen, sie liegt über der eher grobmotorischen Praxis in anderen Supermärkten. Merci vielmals!

Super U, 320, ave. d'Altkirch, 68350 Brunstatt
Tel. 0033-(0)3.89.06.33.34, www.magasins-u.com

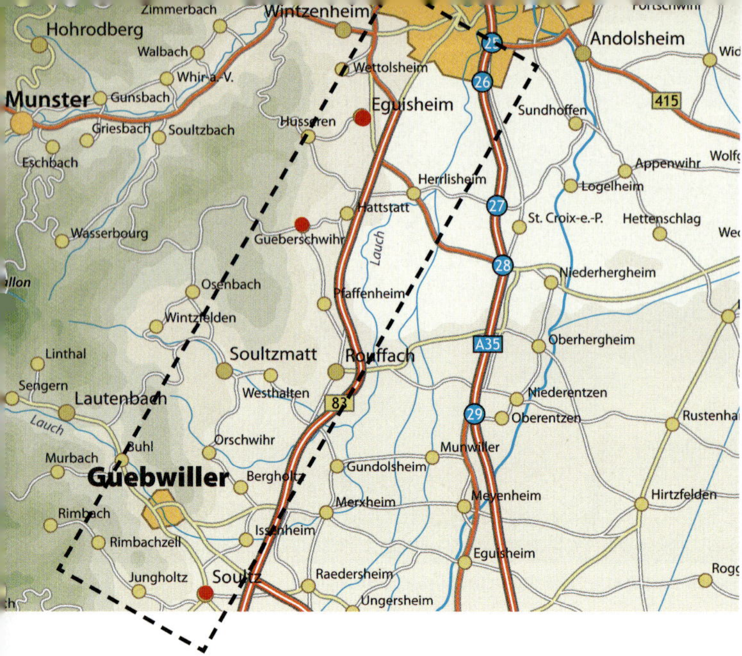

Haltestellen an der Route du vin

Schläfrig, aber sympathisch – Soultz. Eine etwas schläfrige, aber sympathische Kleinstadt in der Vorbergzone, südlich Guebwiller. Das Protokoll sieht vor: Auf dem pittoresken Marktplatz (hier: Touristinfo) parkieren, das Rathaus in der früheren Kornspeicherhalle mit der doppelläufigen Treppe (17. Jahrhundert) bewundern, genauso die leuchtend rote Pfarrkirche St. Mauritius und den prächtigen Brunnen. Vielleicht noch durch das kleine, ersichtlich multikulturelle Örtchen spazieren, eine Kleinigkeit einkaufen. Schließlich in der Metzgerstuwa an der Hauptstraße deftig einkehren:

METZGERSTUWA – Soultz. Gasthaus und Metzgerei in einem – das kann nach wie vor eine gelungene Kombination sein, wie sie ja auch bei uns zu bürgerlichen Bratenzeiten üblich war. Zumindest Garantie für üppige Eiweißversorgung. Die Metzgerstuwa ist so ein Fall. Tagsüber steht Meister Schlu-

Bewährt zur Eiweißkur – Metzgerstuwa Schluraff, Soultz

raff im Laden, abends hinterm Tresen. Im Gasthaus wird auf mehreren Etagen an rot-weißgedeckten Tischen getafelt und über eine offene Wendeltreppe zügig serviert: natürlich Fleischgerichte und Wurstwaren, Grilladen vom Metzger in allen Variationen, vom Onglet (Lumel) von Kalb oder Rind, Presskopf, Fleischschnecka, Gänseleber, Kassler bis zum Wurstsalat. Mengenmäßig richtige Portionen für hungrige Wandersleut', motorisierte Gäste sollten eher kleine Portionen bestellen! Die Metzgerstuwa erfreut sich größter Beliebtheit in der Umgebung – Zinken, Punkte und Plaketten einschlägiger Führer hängen an der Eingangstür.

Rest. Metzgerstuwa (M. und Mme Schluraff)
69, rue du Maréchal-de-Lattre-de-Tassigny, 68360 Soultz
Tel. 0033-(0)3.89.74.89.77.
RT: Sa, So. Geöffnet von 10 bis 1 Uhr.
Typ: munter bewirtete Metzgerstube.
Keine Terrasse, im Sommer Tische auf dem Gehweg.
Preise: günstig-mittel.

Renommierlage von Gueberschwihr

Gueberschwihr – Eine Terrasse über dem Rebmeer (nördl. Rouffach). Die 50 ha große Grand-Cru-Lage von Gueberschwihr heißt „Goldert", angeblich weil der Schoppen gülden schimmert. Der Goldert ist in der Hauptsache mit Gewürztraminer bepflanzt, dicht gefolgt von Muscat d'Alsace, Grauburgunder und Riesling. Als denn, liebe Weinfreunde, nix mit leicht, säurefrisch und floral, der Goldert steht eher für das barocke Kirchenfester im Glas…

Gleich am Ortseingang ein einzigartiger Aussichtsplatz mit Bewirtung: Die schönste Terrasse mit weitem Blick über die Reben ins Rheintal bietet zweifellos die Ausflugsgaststätte *Bellevue* am unteren Ortseingang. Innen grüßt das heile Elsass fast museumsverdächtig aus jedem Winkel, am rustikalen Tresen verweilen meist schon morgens Winzer und Handwerker. Links davon der abgetrennte Speisesaal mit langen gerafften Vorhängen und vornehm gedeckten Tischen. Aber wir wollten hier nur auf der Terrasse sitzen, ein Glas zischen und über das Rebmeer auf den Schwarzwald schauen. (Restaurant Bellevue, RT: Mi-abend, Do.)

Nicht nur wegen der Pasteten – Le Goldert, Gueberschwihr

Der Marktplatz mit dem dunkelroten Pflaster aus dem Steinbruch oberhalb des Dorfes wirkt noch immer wie Bilderbuch-Elsass, Weingüter, Sandstein, Romantik. In einer Seitenstraße am oberen Ende des Marktplatzes ein lohnendes Restaurant:

Restaurant und Traiteur LE GOLDERT – **Gueberschwihr.** Früher nur Salon de Thé und Traiteur, vor einigen Jahren kam das gepflegt, moderne Restaurant hinzu – ganz ohne Dreschflegelromantik (linker Eingang). Es gibt ordentliche, recht fleischfixierte Küche: Presskopf, Sauerkraut garnie à l'alsacienne, Geflügelterrine, Munster, gute Obstkuchen im Stil der Tarte.

Die Spezialität von Marcel Metzler sind hausgemachte Gänse- und Entenleberpasteten *(foie gras d'Oie / de Canard)* und die Création maison: *Foie gras „Canoie" entier* – eine Mischung von Enten- und Gänseleberpastete. Die drei Spezereien werden im Restaurant als *Assiette de canoie* für 18 oder als *Trilogie de Foie gras* für 20 Euro serviert (Verkauf auch im zugehörigen kleinen Laden nebenan). Große Portionen, moderate Preise. Madame bedient sorgfältig und spricht sehr gut deutsch. Zur Kundschaft gehören aber vorwiegend Elsässer Gäste.

Einmal saß ein Rennradlerpaar am Nebentisch, das den schönen Sport wohl mehr zum Spaß betreibt: zum Sauerkraut garni gab's eine kühle Flasche Riesling, die tarte aux fruits wurde nicht ausgelassen – danach radelten die beiden zufrieden davon... Es geht auch so! Im Sommer wird auch am schönen Marktplatz um die Ecke aufgetischt.

Caveau-Restaurant Le Goldert (Fam. Metzler)
2, rue Haute, 68420 Gueberschwihr, Tel. 0033-(0)3.89.49.24.76.

RT: So-abend, Mo.

Typ: solides Speiselokal ohne viel Weinstubenromantik, ♣ im Sommer Freiplätze auf dem Marktplatz.

Spezialität: Foie gras in allen Variationen.

Preise: moderat.

Sandstein & Romantik: Place du Château Saint-Léon IX, Eguisheim

Eguisheim – Die Wiege des „elsässischen Weinbaus". 6,5 km südwestlich Colmar, um die Burgruine angelegt, beschützt von Türmen und Mauern. Cité fleurie – zur Saison blüht Eguisheim aus allen Nähten, ein Freilichtmuseum, es winzert in allen Gassen – am Ortseingang gleich der Platzhirsch Léon Beyer. Nahebei dann die bekannten Burgruinen: Drei Egsen, Hohlandsburg und Pflixburg, mit den Remparts, den guterhaltenen Festungsmauern. Die Romantikzone im alten Ortszentrum ist mit „circuit historic" ausgeschildert.

Zugegeben, Eguisheim paßt mit seiner Hochglanzromantik nicht so gut in diese Schrift. Um so mehr erfreut, daß hier mitten im Dorf und am schönsten Platz ein Hotel steht, das trotz Fachwerk und Geranien aus dem Rahmen fällt. Wer in Eguisheim übernachten möchte, braucht nicht lang zu suchen – die sympathische Adresse liegt gleich neben dem Schloß von Papst Léon IX:

Ohne Blümchentapete – Hostellerie du Chateau, Eguisheim

HOSTELLERIE DU CHÂTEAU*– Eguisheim.** Die Hostellerie steht zweifellos am schönsten Platz von Eguisheim und hinter der prächtigen Fassade wartet kein Himmelbett an Blumentapete, sondern 11 moderne, individuell eingerichtete Zimmer (z.T. jedoch relativ klein) – mit Blick über die Dächer von Eguisheim. Sehr freundliche Gastgeber.

Hostellerie du Château (Françoise und Jérôme Wagner)
2, place du Château Saint-Léon IX, 68420 Eguisheim
Tel. 0033-(0)3.89.23.72.00, www.hostellerieduchateau.com

Ferien Ende Februar bis Ende März.

Typ: modernes Ambiente hinter historischer Fassade.

Preise: moderat (10 Zimmer, 1 Suite, DZ ab 85 Euro, Suite ab 135 Euro). In den Sommermonaten kann es in den Zimmern unterm Dach sehr warm werden.

Turckheim – 3.600 Ew., 7 km westlich Colmar, am Ausgang des Münstertales. Zweitgrößter Winzerort mit 371 ha Rebfläche und der bekannten Lage Brand. Touristenattraktion mit alter Stadtmauer, drei wuchtigen Tortürmen und Historiencharme. Originell bis zum Kirrewerden: abends dreht ein eigens gedungener Nachtwächter seine Runden und singt schweres Liedgut, der mit Laterne, Horn und Hellebarde bewaffnete Geselle arbeitet aber nur während der Hauptsaison, vom 1. Mai bis 31. Oktober, täglich ab 22 Uhr.

Ein Hauptgrund, dieses Städtchen anzufahren, ist ein anderer: hier wäre eine über die Jahre gleichbleibend gute Unterkunft:

CHAMBRES
ZIMMER
14
GITES DE FRANCE
CHAMBRE

Am Frühstücksplatz: Mme Féga, Turckheim

VILLA FÉGA (Chambres d'hôtes) – **Turckheim.** Steile Stiegen führen durch den terrassierten Garten hinauf zur weißen Villa mitten im Weinberg der Lage Herrenweg – das ist nur ein kurzer Spaziergang vom Ortszentrum. Aus einstigen Kinderzimmern wurden fünf individuell eingerichtete Gästezimmer, nicht sehr groß, aber liebevoll und geschmackvoll – wie für gute Freunde des Hauses. Das „chambre moderne" im Erdgeschoß erinnert mit seinen kühlen Blau- und Türkistönen an die Griechischen Inseln; „le placard" wird durch einen Wandschrank betreten und die beiden rustikalen Zimmer im obersten Stock haben eine splendide Aussicht und einen eigenen gemeinsamen Balkon – ideal für befreundete Paare.

Beim letzten Besuch war Mme Féga gerade in der Küche beschäftigt und das ganze Haus duftete nach frischer Kirschmarmelade. Das Frühstück wird auf der wundervollen Terrasse serviert – an der Stirnseite ein geschützter Sitzplatz mit offenem Kamin – dazu Blick über die Reben nach Turckheim und zur Flicksbourg. Oder man begibt sich an den langen Tisch im

Gediegen und behaglich: Villa Féga, Turckheim

hellen Aufenthaltsraum mit Kachelofen. Warum nicht mal im Winter durch ruhige Weindörfer streichen?

Angenehm die geschmackvolle Einrichtung im ganzen Haus, verschiedene Richtungen sind munter, aber mit sicherer Hand kombiniert und immer wieder aufs Neue liebevoll neu arrangiert. Der antike Schrank neben dem modernen Ledersofa, neben dem alten Kachelofen, dazwischen chinesische Statuen und Vasen – Erinnerung an ferne Reisen. Und erst die Küche, Boden und Wände in dunklem glatten Vulkanstein. Elegant und lässig wie die Gastgeber.

Villa Féga (Mme Aimé Féga)
14, rue des Tuileries, 68230 Turckheim
Es gibt eine Reihe von Stammgästen, also unbedingt zeitig reservieren: Tel. 0033-(0)3.89.27.18.84.

Lage: außerhalb der Stadtmauer (auf der D 10 Richtung Münster, am großen Parkplatz zwischen Fecht und Stadtmauer dem Schild Cave de Turckheim folgen).

Typ: sympathische Villa im Rebland, ♣ Frühstücksterrasse mit offenem Kamin.

Preise: ausgesprochen günstig – weil ohne Angestellte (DZ mit Dusche um 36 Euro, Frühstück 5 Euro!).

■ **Wochenmarkt:** Freitagmorgens von 7 bis 12 Uhr. Darunter auch ein Verkaufsstand der Geflügelfarm *Goettelmann* aus Meistratzheim (siehe S. 274).

Gußeiserne Casserollen und ein Auto-Mijoteur: Staub, Turckheim

■ **STAUB** – **Turckheim:** Die Firma *Staub* produziert seit 1974 schwere, gußeiserne Casserollen und solide Töpfe in allen Größen, außerdem Fonduegeschirr, Gratinierformen und die beliebten Gugelhupfformen aus Keramik. Die üblichen Verdächtigen wie PAUL BOCUSE, HAEBERLIN und DUCASSE sind begeistert, was nicht geschäftsschädigend sein muß. Dem Werk ist ein großer Laden angeschlossen, der auch 2. Wahl zu günstigem Preis anbietet. Im Verkauf natürlich auch der *Auto-Mijoteur* (Automatik-Schmorer), für den Bocuse Werbung macht. Das Prinzip: Der Kondensationsdeckel mit dem Edelstahlknopf hat innen kleine Dornen, an denen der Dampf hängen bleibt und wieder abtropft, das Kochgut trefflich benetzend. Ein Kreislauf, der für besonders saftiges und aromatisches Fleisch sorgt.

→ **Staub**, 2, rue St. Gilles, 68230 Turckheim. Öffnungszeiten: Di bis Sa 10-12.30 und 13-18.30 Uhr. Tel. 0033-(0)3.89.27.77.71, www.staub.fr

■ **Wer Staub schätzt** und das Kochen liebt, sollte – vor allem wegen der Kupferpfannen – auch mal bei **Baumalu** in **Baldenheim** (westl. Sélestat) vorbeischauen, siehe S. 145.

Cuvée
Morakopf
€ 13,50

Jean-Michel Guidat – Caveau Morakopf, Niedermorschwihr

Niedermorschwihr – Unter den Weinstraßen-Zielen eines der angenehmeren: Der Ort liegt dicht unterhalb steiler Rebhänge, mit vergleichsweise geringer Kitsch- und Trödeldichte – dafür mit stattlichen Häusern aus dem Mittelalter, (kunter-)bunt getünchten Fachwerkhäusern und einem berühmten Kirchturm. Außerdem und besonders: Heimat der allüberall besungenen Marmeladenkönigin Christine Ferber und einer ebenfalls überall – und zurecht – gelobten Wistub:

CAVEAU MORAKOPF – Niedermorschwihr. „Die“ elsässischer Weinstube, 1970 als Musterwistub eröffnet: eigenen Wein offen ausschenken, Speck und Käs‘ reichen, wenig vom bösen Tageslicht reinlassen. Dafür sorgt auch heute noch das große Fenster zur Gasse im traditionellen Bleiglas-Flaschenbodendesign: mit dem Wappen von Niedermorschwihr, das eine unbekannte junge Frau mit Migrationshintergrund zeigt (Negerin ist ja nicht mehr korrekt, Morakopf wird in der EU auch nicht mehr lange durchgehen).

Weinstuben-Urgestein – Caveau Morakopf, Niedermorschwihr

Sonne und Licht in der Stube sind aber gefragt, deshalb gibt es jetzt zusätzlich zu den zwei Gasträumen eine Draußensitzecke: im Sommer wird auf drei übereinanderliegenden schmalen Terrassen hinterm Haus getafelt.

Auf der Speisekarte elsässer Traditionsgerichte: ausgezeichnete Pâté Vigneron (Fleischpastete), gute Quiche Choucroute, dann foie gras d'oie maison, Kalbskopf, Kalbsnieren mit Spätzle, Kutteln in Rieslingsauce – und bei großem Hunger: Bratkartoffeln mit Munster und Feldsalat mit geröstetem Speck. Auf Vorbestellung: Kalbfleischfondue in Kräuter-Weißwein (es lohnt sich!) und Baeckeoffa (ab 4 Pers.). Und nicht vergessen: die riesige Tarte maison – zur Saison mit einem Berg von Heidelbeeren!

Auf der Weinkarte stehen ausschließlich Weine aus der Region um Niedermorschwihr und Ingersheim – darunter auch der eigene „Cuvée Morakopf", feiner Weißburgunder aus dem Hause Josmeyer. Kurzum: Ein lohnendes Kleinrestaurant, gemütliche Wistubenromantik, auch nach der Vergrößerung konstant gute Küche zu fairen Preisen. Unkomplizierte Wirtsleut, freundliche Bedienungen. Unbedingt reservieren, mitunter hohe Rheinländerdichte. Et kütt, wie et kütt, oder so ähnlich!

Caveau Morakopf (Jean-Michel und Anne Guidat)
7, rue des Trois-Epis, 68230 Turckheim-Niedermorschwihr
Tel. 0033-(0)3.89.27.05.10, www.caveaumorakopf.fr

RT: So, Mo-mittag. Außerhalb der Saison nur abends von 18-23 Uhr.

Typ: Urgemütliche Weinstube in zwei Gasträumen, ♣ Freiterrasse auf zwei Etagen.

Preise: günstig-mittel.

▶ **Der Morakopf** – die Schöne auf der Bleiverglasung des Fensters ist das Wappen von Nieder'mor'schwihr. Es stammt aus der Zeit, als die Herren von Ribeauvillé noch das Sagen hatten. Am Rathaus ein Stück weiter oben ist sie auch zu sehen. Übrigens die gleiche Dame wie auf dem Wappen von Korsika.

■ **Confitures FERBER** – **Niedermorschwihr.** Edel-Konfitüre als clevere Geschäftsidee: Auf der gleichen Straßenseite wie der Morakopf, nur ein paar Häuser weiter, der stets gut besuchte Laden der Marmeladenkönigin *Christine Ferber* (Patisserie in der 4. Generation, heute mit über 20 Angestellten). Ob im Feinschmecker-Heftle oder in irgendeinem Elsassartikel, Mme Ferber fehlt nie, sie wurde zur Instanz. Und alle, alle kommen und kaufen ihr Gläsle süßen Kompott, streng handgerührt. Wirklich beeindruckend die Marmeladengläserwand von über 200 Sorten, dazu kommen

Süß macht lustig – Mittagspause in der Marmeladenküche

noch eigene Pralinen, Schokolade und im Herbst und Winter ein ausgezeichnetes Gewürzbrot *(pain de l'épice)*. Alles fein, doch alles hat seinen Preis, eben inklusive Pressezuschlag. Vom Brotkauf raten wir ab, keine Zier.

→ **Confitures Ferber,** 18, rue des Trois-Epis, 68230 Turckheim-Niedermorschwihr. Di bis Fr 7-12.30 und 14-18.30 Uhr, Sa 7-18 Uhr, So 9.30-13 Uhr. Montags geschlossen.

Unterkunft mitten im Weinland – Hotel Constantin, Kaysersberg

Kaysersberg – 11 km nordwestlich von Colmar. Das langgestreckte Städtchen mit Burg, gelbbraunen Granitmauern, mächtigem Burgfried, Kirchen und Kapellen, steht ganz oben auf der Besichtigungsliste. Wichtig: In der Oberstadt finden Sie das Geburtshaus von Lambarene-Wahlbürger und Friedensnobelpreisträger Albert Schweitzer. Heute auch ein Markenname: Colette Faller mit dem Weingut von Kaysersberg (25 ha).

CONSTANTIN* – Kaysersberg.** Mitten in der Romantikzone in einem alten Winzerhaus aus dem 18. Jhdt, nur 20 Meter vom Constantin-Brunnen vor der Kirche. Das Haus wurde 1992 von Christine und Denis Kohler, den Besitzern vom Hotel/Rest. Château im Ort, großzügig und geschmackvoll renoviert und zu einem Hotel mit 20 gemütlichen Zimmern und einem schönen hellen Frühstücksraum umgebaut.

Hotel Constantin (Fam. Kohler)
10, rue du Père-Kohlmann, 68240 Kaysersberg (Ortsmitte)
Tel. 0033-(0)3.89.47.19.90, www.hotel-constantin.com
Preise: mittel (DZ um 70 Euro, ohne Frühstück).

Auf der Kugelhupfpiste, Ribeauvillé

Riquewihr & Ribeauvillé, nordwestlich von Colmar und nur 5 km auseinander. Zu den beiden Idyllehochburgen fällt nun wirklich jedem Reiseführer etwas ein, auch schon früher: „Drei Burgen auf einem Berg, drei Kirchen auf einem Kirchhof, drei Städte in einem Tal, ist das Elsass überall." Matthäus Merian. Des Rätsels Lösung: Drei Burgen: in Ribeauvillé; drei Kirchhöfe: in Riquewihr; drei Städte in einem Tal: Ammerschwihr, Kientzheim, Kaysersberg. Fazit: sie betreten ein touristisches Kraftzentrum.

Gleich zu Anfang der Grand Rue von Ribeauvillé das Fotomotiv: die um 1400 erbaute Bilderbuch-Wistub zum Pfifferhüs. Die Küche entspricht dem optischen Niveau leider nicht ganz. Wir empfehlen – bei Lust auf eine knackige Sauerkrautbonanza – die Wistub *La Flammerie* schräg gegenüber. 9, Grand Rue, www.flammerie-ribeauville.com, RT: Mo.

Enspannt im Kastanienschatten, Ferme L'Hirondelle

Ferme L'HIRONDELLE – **Ribeauvillé/Guémar.** Ideal als Fluchtort von der Romantik: Einfach vespern am Holztisch der Ferme l'Hirondelle, drei Kilometer außerhalb von Ribeauvillé (Richtung Bahnhof/Guemar, ausgeschildert). Der Bauernladen der Ferme verkauft Milch, Yoghurt, Quark, Butter, Rahm und verschiedene Käse. Die Betreiber sind Holländer, deshalb wird hier auch französischer Gouda und Emmentaler angeboten – und seit über 40 Jahren der Ribeaupierre, ‚der' Käse von Ribeauvillé, eine Art Tilsiter. Allerdings sind alle Käse – bis auf den Munster – aus pasteurisierter Milch. Dem Laden angeschlossen ein einfaches Restaurant, das eigene Produkte anbietet. Nichts besonderes, aber besser als viele Flammkuchen-Spelunken im ach so hübschen Örtle nebenan. An sonnigen Tage stehen ein paar Tische im Kastanienschatten.

L'Hirondelle, rte Guémar, 68150 Ribeauvillé. Tel. +33.(0)89.73.89.79.
Ladenzeiten (in der Saison): Tägl. 14 bis 19 Uhr. Rest.: 12-19 Uhr.
Typ: Bauernladen mit einfachem Restaurant ♣ Robuste Draußensitzmöglichkeit.
Preise: günstig (wechselndes Tagesmenu unter 10 Euro).

Manufaktur für Könige und Bürgerliche: Beauvillé in Ribeauvillé

BEAUVILLE – **Ribeauvillé,** Beauville ist eine Marke der Manufaktur M.I.E. Die Produkte der renommierten Stoffabrik (Tischdecken, Vorhänge, Servietten etc.) werden mittlerweile als Kultgegenstand gehandelt. Im Internet wird auch schon mal ganz gezielt nach speziellen Servietten gesucht – „Je recherche 4 serviettes du modele Park Avenue bleu." Beauvillé hat sich auf die Elsässer Muster des 18. und 19. Jahrhunderts spezialisiert, auf alte „Dokumente", wie die historischen Dessins genannt werden. Mehr als die Hälfte der Stoffe aus hochwertigem Rohmaterial, die Baumwolle kommt aus Ägypten, die Seide aus Thailand, werden heute noch im Siebdruckverfahren von Hand bedruckt. Bis zu 20 verschiedene Farben können hier auf einen Stoff gedruckt werden. In ganz Europa gibt es keine vergleichbare Manufaktur mehr. Entsprechend teuer sind die kostbaren Stoffe. Namhaft auch die Kundenkartei – viele Königshäuser lassen ihre wertvollen alten Stoffe in Ribeauvillé restaurieren. Die alte Stoffdruckerei verkauft die einfacheren Stoffe auch zu bürgerlicheren Preisen. Wer

Gut betucht: Historische Muster von Beauvillé

die bukolisch, floralen Muster der Winstub-Tischdecken und Servietten mag, wird im Fabrikverkauf sicherlich fündig. Kreditkarte nicht vergessen – die Preise in Ribeauvillé sind zwar nur halb so hoch wie im normalen Handel, aber trotzdem nicht gerade billig.

Beauvillé, 19, route de Sainte-Marie-aux-Mines, 68150 Ribeauvillé.
Tel. 33 (0)3.89.73.74.74, www.beauville.com.
Ladenöffnungszeiten: Mo - Sa von 9 - 12 und von 14 - 18 Uhr.

Wie immer einfach und gut, Ferme St. Alexis oberhalb Riquewihr

Oben im Wald zwischen Kaysersberg und Riquewihr liegt auf einer stillen (aber nicht immer einsamen) Lichtung das Ferme-Restaurant St. Alexis.

Ferme ST. ALEXIS – Kaysersberg. Eine urige Hofschänke in idyllischer Lage. Die kleine Wallfahrtskirche (15. Jh.) gleich gegenüber vom Gasthof ist dem Hl. Alexius geweiht. Gepilgert wird auch heute noch: an sonnigen Wochenenden ist die Ferme regelmäßig bis auf den letzten Hocker besetzt, sowohl drinnen als auch draußen auf der weinbelaubten Terrasse – wo die Heiterkeit der Gäste auch mal für Straußenwirtschaftstöne sorgt. Der Grund der Beliebtheit liegt auf der Hand: St. Alexis liegt bildhübsch im tiefen Forst (auf 680 Metern), dennoch hell auf einer weiten, nach Osten geneigten Lichtung; ein Platz mit dem Charme einer soliden Bergschänke. Das Essen schmeckt wie bei Muttern – sofern diese sauber gekocht hat! Die Portionen sind – für kleines Geld – mehr als üppig. Im heimeligen Innenraum (ca. 70 Personen) ist schön aufgedeckt, Stofftischdecken, früher gar Stoffservietten. Man

Coq au Vin aus der Tonkachel, Ferme St. Alexis

sieht's am Detail, hier wird einfach, aber professionell gewirtet: Mutter am Herd, Söhne im Service, Vater auch da. Heiliger Alexis, daß es so was noch gibt! In der Küche steht ein holzbefeuerter Herd, an dessen Reling hängt ein Schürhaken und so schmeckt es auch: robuste Landküche, in Jahren gereift wie der gesamte Ablauf des Familienbetriebs.

Die einseitige Speisekarte ist übersichtlich, mit einfach gestrickten Menüs, seit Jahren unverändert. Die Menus beginnen mit einer Potage, einer passierten „quer durch den Garten"-Suppe; oder wahlweise Omelette mit Schinken, oder ordentliche Crudité. Im Hauptgang zur Wahl dann Klassiker wie Coq au vin (Hähnchen), Choucroute garni oder Wildragout – alles in der Tonkachel serviert, klar gekocht, die Saucen nicht mit Sahne zugeschmiert. Danach ein großes, dünnbodiges Stück Obsttarte aus dem Ofen, Zwetschgen/Apfel, je nach Saison, oder ein Stück Käsekuchen, manchmal sogar noch warm. Wer ein komplettes Menü bestellt, sollte mächtigen Hunger mitbringen, oder einen Vor- bzw. Zwischengang

Bewährte Traditionsadresse: Ferme St. Alexis oberhalb Riquewihr

auslassen (was kein Problem ist). Warme Mahlzeiten werden durchgehend ab 12 bis 22 Uhr serviert, nach der bewährten Methode „es gibt, solange es gibt" – danach gibt's Vesper. Das Lokal ist fast immer randvoll, deshalb keine weiteren Anpreisungen. Nur soviel: Es sitzen nicht nur Einheimische dort und der Parkplatzwächter in Riquewihr hat was anderes empfohlen.

Ferme Saint-Alexis (Fam. Hertle)
68240 Kaysersberg, Tel. 0033-(0)3.89.73.90.38
Lage: 680 m, im Hochwald zwischen Kaysersberg und Riquewihr
Öffnungszeiten: Ganzjährig. RT: Do-abend und Fr.
Preise: günstig (Menüs um 15 Euro).
♣ Reizende Lage im Grünen, solide Küche (zur Wanderzeit stark besucht.

Zuletzt wird's holprig: am Weg zur Ferme St. Alexis

Hinkommen: Mit dem Auto am besten ab *Riquewihr*: Am nördlichen oberen Stadttor an der Kreuzung das rechte Sträßlein nehmen. Die schmale Forststraße (Richtung Ursprung-Fréland) führt zunächst zwischen Steinmauern und durch die Weinberge, dann reizvoll durch lichten Tannen- und Eßkastanienwald. Dem Sträßlein 5 km bis zur ausgeschilderten Abzweigung folgen, hier nach links zur Ferme Alexis abbiegen – dann auf einer ausgewaschenen Holperstrecke noch 300 Meter bis zur Ferme (im Winter besser oben parken!). Ab *Kaysersberg* ist die Waldfahrstrecke viel länger und holpriger, aber mit PKW noch möglich: Richtung Hotel les Remparts, ab hier ist die Ferme ausgeschildert.

Zu Fuß: In Anbetracht der großen Portionen sicher die klügste Wahl, eine schöne ungefähr 1¼-stündige Waldwanderung von Riquewihr nach St. Alexis, gleicher Ausgangspunkt wie oben, Weg beschildert.

Aussen und innen typisch Elsass – Wistub au Sommelier, Bergheim

Bergheim – Wieder ein Winzerdorf (9 km südl. Sélestat), das stark unter Fachwerkeinfluß steht. Wirklich hübsch der alte Ortskern, außergewöhnlich gut erhalten die Mauern und Türme der alten Befestigungsanlage.

WISTUB AU SOMMELIER – Bergheim. Vor der pittoresk bemalten Fassade der Wistub du Sommelier könnte eine Winzersaga spielen. Aber die Stube ist zu reizvoll, um als Romantikcontainer mißbraucht zu werden; ihr Name erinnert an den Vorbesitzer *Jean-Marie Stoeckel,* der wurde anno 1972 zum besten Sommelier Frankreichs gewählt – er beriet, entkorkte und dekantierte in den renommiertesten Feinschmeckerrestaurants des Elsass, naturalment in der Auberge de l'Ill. Seiner oft gelobten Wistub hätte es eigentlich an nichts mangeln müssen, aber Monsieur Stoeckel machte es den Gästen nicht gerade einfach, er wirtete mit schier protestantischer Pedanterie und an manchen Tagen erinnerte Stoeckels Miene und Laune an einen Riesling vom Nordhang… Alles Geschichte, seit bald zehn Jahren liegt die Wistub nun in den freundlichen

Händen von Antje und Patrick Schneider. Einrichtung und die Qualität blieben erhalten, die Stimmungslage im historischen Gemäuer hat sich gewandelt. Rund um den großen schwarzen Kachelofen darf nun getafelt *und* gelacht werden! Das Haus ist beliebt, besucht von Regionalpublikum und Touristen in anregendem Wechsel. Patrick kocht, Antje serviert.

In den beiden Gasträumen – blanke Holztische auf Parkett, ein Kachelofen – wurde wenig verändert, die Plätze im vorderen Gastraum wurden reduziert und auf den Holzstühlen liegen Kissen. Kurze Speisekarte, lange Weinkarte. Motto: einfaches in guter Qualität, allerdings durchweg selbstbewußt kalkuliert, wie auch die erwartungsgemäß breite Auswahl an Weinen. Bei der ordentlichen, aber nicht außergewöhnlichen Küche raten wir zu den ansprechend gemachten Klassikern: Kalbskopf, geschmorte Rinderbäckchen, auch Gassenhauer wie Choucroute garnie, hier als mächtige Platte serviert, Presskopf, Ochsenschwanzsalat, sehr gute foie gras d'oie (Gänsestopfleber). Ergänzt wird dieses Angebot durch ein täglich wechselndes Menu.

Wistub au Sommelier (Antje und Patrick Schneider)
51, Grand-Rue, 68750 Bergheim
Tel. 03.89.73.69.99, www.wistub-du-sommelier.com
RT: Di-abend, Mi. Ferien im Februar.
Typ: reizvolle Gasträume, historisches Ambiente.
Preise: mittel.

Colmar

Nach Straßburg und Mulhouse die drittgrößte Stadt (65.000 Ew.) im Elsass – mit zwei Gesichtern: Zunächst die gewohnt grauen Außenbezirke mit Fabriken, Märkten, Mietskaser-

nen – dann der gefühlig, weiche Kern: Fachwerk dicht an eng, Plastergassen, Klein Venedig. Aber Obacht: wenn Ende Oktober die letzten Touristen abziehen, legt sich der Mehltau über die düsteren Gassen, das kleine Zentrum hat

Dicht gepackt: Fachwerk längs der Lauch

kaum eigene Dynamik. Colmar gilt manchem Elsässer denn auch als langweilige, konservativ-verstockte Stadt. Außerhalb der heiteren Sommerzeit also kein Ziel für länger, eher mal zum Einkaufen, oder als Etappe.

Einkehren und Einkaufen

Einkehren und Einkaufen macht in Colmar selbst in den quirligsten Zeiten Laune – es gibt gute Läden direkt im Zentrum. Colmars Angebot an Restaurants ist groß, aber viele fordern Idyllezuschlag. Die Chance, auf die Zunge zu fallen, ist nicht minder groß. Wer dubiosen Gourmettips aus Glanzpostillen hinterherfuttert oder den Angestellten

L'Auberge – kraftvoll und konservativ wie eine schwere Limousine

zum Mittagstisch folgt, kann auch mal eine herbe Enttäuschung erleben: Auch Monsieur Dupont hat es heutzutage mehr mit dem Surfbrett als mit der guten Sauce. Wir beschränken uns also mit Bedacht und gerade in Colmar auf wenige, aber seit Jahren bewährte Adressen:

L'Auberge – Bilderbuchbrasserie am Bahnhof

Wer die animierende Dimension einer klassischen Speisehalle schätzt, ist gleich gegenüber vom Bahnhof (Gare SNCF) gut aufgehoben.

L'AUBERGE – Bilderbuch-Brasserie. Frankreich wie im Schwarz-Weiß Film: Parterre im Hotel Bristol wartet das barock aufgemöbelte Einsternerestaurant *Rendez-vous de chasse.* Nebenan, aus der gleichen Küche versorgt, die einfachere Brasserie *L'Auberge:* Saalatmosphäre mit hoher Decke und langem Buffet, der Service in korrektem schwarz-weiß, dennoch nicht hüftsteif. In der Summe das Muster eines eingefahrenen Traditionsbetriebes, der eine abgeklärte Gastlichkeit bietet, die auch in Frankreich nicht mehr selbstverständlich ist. Die vor Jahren noch recht durchschnittliche Küche hat sich verbessert, Elsässer Brasserieansprüche werden sicher erfüllt. Der souveräne Service paßt zum eingelaufenen Ambiente. Das Tagesmenü gut 12 Euro, die Plat du Jour um 10 Euro (beide gibts aber meist nur bis 1 Uhr). Dazu kommt eine breite Standardkarte, wie sie nur ein Großbetrieb bieten kann: Volaille au riesling, boeuf gros sel mit crudité (oft gelobt), marinierte Heringe, natürlich findet man darauf auch Evergreens wie Tête de veau und allerlei Choucroute-Kombinationen. Akzeptabel kalkuliert auch die lange Weinkarte: Flaschenweine zwischen 15 und 40 Euro , das Viertel Riesling für 4.60 Euro – Elsass ohne Verspannungen

Mittags um Eins läuft der Laden rund und kraftvoll wie eine schwere Limousine. Das Spektrum der Gäste ist dabei so breit wie die Karte: es reicht vom kleinen Tisch mit zwei aparten Damen bis zur Herrenrunde vor Chateaubriand. Heiteres Elsass, täglich bis 22.30 Uhr geöffnet. Ein flott gezapftes „Kro" oder ein pichet „edel" – im Sommer auch Tische auf dem Gehweg – noch so ein Anlaß, wieder mal rüber zu fahren!

L'Auberge
7, pl. de la Gare (gegenüber vom Bahnhof), 68000 Colmar
Tel. 0033-(0)3.89.23.17.57, www.grand-hotel-bristol.fr

Typ: Brasserie-Speisehalle, mit klassischer Karte, ebensolchem Service und den passenden Gästen. ♣ Im Sommer ein paar Tische auf dem Gehweg.

Preise: günstig bis moderat (Mittagsteller um 10 Euro, abends 17 bis 23 Euro). Preiswerter Parkraum direkt vor der Tür.

Moderne Weinstube mit guter Küche: Marlot Laurent, Le Verre de Terres

Wer im Zentrum des Elsässer Romantiktourismus verschwiegene Geheimtipps sucht, muß ein großer Optimist sein. Aber gegenüber der alten Markthalle warten aber gleich zwei gute Adressen:

LE VERRE DE TERRES – Die moderne Weinstube. Ein kleines Restaurant (ehem. Restaurant des Halles) in einer stillen Seitenstraße gegenüber der alten Markthalle. Marlot Laurents Leidenschaft gehört dem französischen Wein und gutem Essen. Die kleine, aber auffallend präzise Küche hat es zum Glück nicht mit dicken Saucen, Blätterteigorgien und Sauerkrautplatten. Über Mittag wird ein ordentliches Tagesmenu (um 10 Euro) serviert, darunter auch mal Klassiker wie ein geschmortes, gabelmürbes Rindfleisch in einer wunderbar intensiven, aber eben nicht totreduzierten Sauce. Abends stehen kleine Gerichte zur Wahl (Terrine, Kalbskopf, Lamm mit gegrillten Auberginen). Aber nur ein Glas Wein trinken, geht auch. Damit zurück zur Hauptsache: eine üppigst bestückte

Ohne Elsass-Schmäh: Le Verre de Terres

Regalwand mit Weinen aus allen wichtigen französischen Anbaugebieten und zwei Weinkühlschränke sprechen für sich. Die beiden große Schiefertafeln an der ochsenblutroten Wand informieren über das Angebot an Flaschenweinen, die z.T. auch offen ausgeschenkt werden. Große Weinauswahl von der Auvergne, Côtes du Rhone, Loire, Bordeaux, die Flaschen zu fairen Preisen; offen ausgeschenkt. Im Sommer fällt die üppig eingewachsene Fassade auf, davor vier, fünf Tischchen auf dem schmalen Gehweg.

Le Verre de Terres, 11, rue Wickram, 6800 Colmar
Tel. 0033-(0)3.89.23.61.10.

RT: Sa, So, Moabend.

Typ: moderne Weinstube mit gutem Speiseangebot und breiter Weinauswahl (auch offen) aus ganz Frankreich. ♣ im Sommer ein paar Tische auf dem Gehweg.

Preise: mittel (günstige Mittagsmenus); offen ausgeschenkte Weine zu 2,50 bis 5 Euro das Glas.

Klassiker: Aux Trois Poissons, gegenüber der alten Markthalle

AUX TROIS POISSONS – Das traditionelle Fischrestaurant in romantischer Lage am Quai de la Poissonnerie, unmittelbar gegenüber der alten Markthalle. Die Küchenleistung hält bei solcher Lage oft nicht mit, diesmal aber kein Argwohn: das Angebot ist frisch und die Zubereitung – konventioneller als beim jungen Kollegen nebenan – aber auch in Ordnung. Die Drei Fische servieren übrigens auch carpe frite – allemal besser als in den meisten Traditionshäuser im Sundgau (Ausnahme: Hartmann, Carspach). Reservieren ist sinnvoll, denn das Restaurant hat nur zwei kleine Gasträume und der Platz an der Tür wenig gemütlich.

Aux Trois Poissons, 15, Quai Poissonnerie, 6800 Colmar
Tel. 0033-(0)3.89.41.25.21.

RT: Di-abend, Mi, So-abend.

Typ: Gediegenes Fischrestaurant mit klassischen Gerichten, solide zubereitet.

Preise: mittel (Tagesempfehlung 13 bis 22 Euro, Menu pêcheur 21 Euro (ab 2 Pers.), weitere Menus zwischen 27 bis 50 Euro). Faire Weinpreise.

Außen Retro, innen très chic – der neue Schillinger, Colmar

JY'S – Cool Colmar. „Der Schillinger" war einmal eine, ja die Michelin-besternte Traditionsadresse in Colmar. Das alte Restaurant brannte Weihnachten 1995 komplett aus. Drei junge Leute haben damals das Feuer gelegt, um ein „Symbol der Bourgeoisie" zu zerstören. Patron Jean Schillinger kam dabei ums Leben, der Sohn Jean Yves Schillinger ging darauf nach New York und eröffnete 1999 das Restaurant Olica's, ein amerikanisches Sternehaus auf hohem Niveau mit 80 Plätzen und 40! Angestellten.

Seit 2002 leitet Schillinger eine Heimatfiliale an Colmars malerischer Rue de la Poissonnerie. Dazu wurde der Altbau komplett entkernt, die Fassade mit trompe-l'œil-Fresken aufgehübscht, das Interieur zeitgemäß hohlraumveredelt. Ledertapeten, rechte Winkel und garagentorgroße Weinkühlschränke geben den Wandschmuck, gleich am Eingang empfängt eine gestylte Bar mit Champagnerkübel und Popkornschälchen (New York, New York). Bei der Möblierung Parterre hat der Innenarchitekt die Sitzmöglichkeiten so arrangiert,

RESTAURANT

daß Zwangskommunikation mit den Nachbartischen unvermeidlich scheint. Das Angebot kennt kaum Jahreszeiten, es besteht aus Komponenten der gehobenen Großstadtgastronomie, die mit französischen Standards legiert wird. Cool Colmar halt. Zander, Hummerschwanz und Ente sind gesetzt, natürlich nicht einfach so, sondern beispielsweise als Zandercanneloni, Artischocken werden püriert, Saucen getrüffelt. Manche Desserts kommen très chic als Vierspänner: vier Eiskügelchen in vier Hütchen, oder viermal Mousse au Chocolat im Näpfchen, in aufsteigender Konzentration, wie man das heute so macht. Crossover-Tapas gibt es auch, Kebabspießchen, Sushiröllchen und Calamaresringchen werden in einer Etagère aufgetragen, was pittoresk aussieht, die gewöhnliche Zubereitung aber nicht kaschieren kann. Das kleine Mittagsmenü zeigte zweierlei: die Küche arbeitet handwerklich auf hohem Niveau, alles schmeckt erwartbar gut, aber nicht nach Leidenschaft. Ein Gastroführer wundert sich dennoch, „wie wenig Touristen den Weg ins zweietagig Lokal mit der tollen Trompe-l'œil-Fassade in Colmars Petite Venise finden". Tja, das letzte Wort hat wie immer der Gast.

JY'S 17, Rue de la Poissonnerie, 68000 Colmar Tel.0033-(0)3.89.21.53.60, www.jean-yves-schillinger.com

RT: So, Mo-mittag

Typ: Feinschmecker-Restaurant, ♣ lauschige Terrasse an der Lauch

Preise: hoch (Hauptgerichte 28-31 Euro, Tapas 25 Euro, Mittagsmenu 32 Euro).

Frisches Stüble: Amandine Bourgoin, l'un des sens

L'UN DES SENS – Globalisierte Weinstube. Im Frühsommer ´06 eröffnete die kleine Weinstube in der Rue de Berthe Molly, schräg gegenüber vom Japaner Au Soleil Levant (s.u.). Amandine Bourgoin, eine junge Sommelière, und ihr Partner importieren Weine selbst, vorwiegend aus Italien, Spanien, Portugal und veranstalten regelmäßig auch kleinere Degustationen. Nun muß man sicher nicht nach Colmar fahren, um dort portugiesischen Weißwein zu probieren – aber wer schon mal da ist. Außerdem im Angebot: drei Tapa-Teller, darunter hervorragender Chorizo aus Spanien (ebenfalls Eigenimport) und ein feines Käseangebot vom lokalen Käsekönig Jacky Quesnot. Eine kleine sympathische Tankstelle.

l'un des sens (Amandine Bourgoin, sommelière)
18, rue Berthe Molly, 68000 Colmar, Tel. 0033-(0)3.89.24.04.37.
Geöffnet von Di bis Sa 10-21.30 Uhr, So 17-21 Uhr.

Typ: Weinprobe und -verkauf mit Bewirtung, unregelmäßige Degustationsveranstaltungen an Wochenenden. ♣ Kleine Gehwegterrasse am Eingang.

Der doppelte Helmstetter: Côté cour/côté four, Colmar

CÔTÉ FOUR | CÔTÉ COUR – La Boulangerie & La Brasserie. Helmstetter (seit 1776) war die älteste Bäckerei Colmars, nun hat die Institution gegenüber der Dominikanerkirche innovative Nachfolger gefunden. Das alte Bäckereischild hängt noch an der Hausfront, sonst blieb kein Stein auf dem anderen.

Backhandwerk: Der alte Helmstetter

Moderner Boxenstopp: Restauration der Boulangerie côté four

In der neuen Boulangerie Côté Four wird nicht nur besser gebacken wie zuletzt bei Helmstetter, von mittags bis abends werden in der Restauration côté four, der volkstümlichen Variante der beiden côtes, außerdem noch sehr ordentliche kleine Speisen angeboten – serviert wird in der modernen Bar zwischen Laden und Backstube, im Sommer auch rustikal auf dem belebten Platz vor der Dominikanerkirche. Im Angebot: Sandwich, Bauernwürste, süße und salzige Tartes, Flammkuchen (sehr gut) und mittags eine plat du jour zu fairem Preis (10 Euro).

Die Brasserie côte cour liegt eine Etage höher (Zugang über die Bäckerei oder den Innenhof 10 m links von der Bäckerei), das Lokal bietet die Ruhe, die es für ein etwas längeres und gepflegtes Essen braucht. Mittags wird ein dreigängiges Menu um die 20 Euro angeboten – und der doppelte Preis zur Côté Four ist berechtigt! À la carte gibt es feine Fischgerichte: etwa eine gegrillte Dorade mit Ratatouille, rouget und risotto. Und

Ohne Romantikzutaten: Terrasse der Brasserie côté cour

dann noch Klassiker wie ein üppiges entrecôte de bœuf, originalgetreu serviert mit sauce bernaise und Markknochen. Eckige Teller, sonstiger Designerfirlefanz und bemühte Attitüden fehlen hier – nur die Pommes kommen in der eigenen Frittenbox mit Deckel, vielleicht zum Warmhalten. Der Service agiert fröhlich und manchmal eine Spur zu betont nonchalant – egal, Idee und Stimmung sind gut und in Colmar einzigartig. Chapeau, so was hat gerade hier gefehlt!

Côté Four | Côté Cour, place de la Cathedrale, Colmar
Bäckerei: Di bis Fr 8.30 - 22 Uhr; Sa 8 - 22 Uhr.
Brasserie (Cour) und Bar (Four): Di bis Sa 11.45 - 22.30 Uhr.
Tel. 0033-(0)3.89.21.19.18.
Typ: städtisch
♣ Cour-Terrasse

Frühstück mit Kathedralenblick: Café Clergue, Colmar

CAFÉ CLERGUE – **Der Kaffeehausklassiker** im Schatten der Kathedrale St. Martin, die wegen ihrer Größe kurz die Kathedrale von Colmar genannt wird. Auf zwei Etagen wird hier von 8 bis 19 Uhr durchgehend serviert. Für ein kleines Frühstück mit kurzer Zeitungslektüre reichen die wenigen Tischchen im Eingangsbereich, zur längeren Sitzung ist das Polstermöbelambiente im ersten Stock besser geeignet. Wenn im Sommer rund um die Kathedrale schon morgens alle draußen beim Macchiato sitzen, liegt das Clergue noch im Schatten. Die Sonne schafft es erst nachmittags über die Kathedrale. Und das ist gut so. Drinnen geht‘s nämlich sehr gemütlich zu und die croissants schmecken sowieso besser als in den Lauflagen-Cafés nebenan. Für die späte Nachmittagssonne steht draußen eine doppelte Tischreihe bereit, aber dann dreht auch hier die Stimmung.

Café Clergue, 21 place de la Cathédrale, Tel. 0033-(0)3.89.41.82.60.
Öffnungszeiten: Di bis So 8 - 19 Uhr.
Typ: traditionelles Kaffeehaus
♣ Terrasse auf dem Kathedralenplatz.

Beste Käseauswahl der Stadt: Fromagerie St. Nicolas, Colmar

FROMAGERIE SAINT-NICOLAS – Colmars Käse-König: Jacky Quesnot und Familie mit Frau, Tochter und Sohn garantieren eine gepflegte Auswahl an Rohmilchkäse aus ganz Frankreich – alle im richtigen Reifezustand! (Übrigens das einzige Käsefachgeschäft in Colmar.) Bei Quesnot gibt es keinen überlagerten Käse, keinen, der scharf oder gar ranzig schmeckt oder im Sommer einfach davonläuft. Jacky kennt gute Produzenten und er pflegt die Eigenheiten der Sorten: Munster schmeckt nur gut, solange die Keller nicht zu kalt sind; die beste Zeit für Vacherin ist von Oktober bis März, fragen Sie einfach …

Bei Quesnot kann man erleben, wie ein richtig gelagerter Beaufort nach zwei Jahren schmeckt! Allein den Münsterkäse bezieht er von 5 verschiedenen Produzenten, damit der ideale Reifezustand für einen jungen und für einen älteren Munster garantiert ist. Im Angebot wundervolle Tommes, kleine Ziegenkäse unterschiedlicher Reife, feiner Brie de meaux (tatsächlich aus Meaux), natürlich Rohmilch-Camembert namhafter Produzenten. Außerdem feine Joghurts, offene Butter aus der Charente. Faire Preise (anstatt Mediengetöse

Familie Quesnot im Reifekeller in Buhl

und Schau, wie man es weiter südlich vom Sundgau gewohnt ist. Kurz: eine solide Quelle und vielleicht der Beginn einer langen Freundschaft.

Der Reifekeller der Quesnots liegt im Industriegebiet von Buhl (ca. 25 km südl. Colmar). In drei Räumen lagern die verschiedenen Käsesorten, allein vom Munster werden 7 verschiedene Sorten affiniert, dann ein eigener Raum für die chèvres, die feinen kleinen Ziegenkäse. Von hier wird auch der Käsewagen für die verschiedenen Märkte bestückt, sowie das Ladengeschäft in Colmar.

Fromagerie Saint-Nicolas (Familie Quesnot), 18, rue Saint-Nicolas (Fußgängerzone). Käsedégustation und Besichtigung vom Reifekeller in Buhl nach telefonischer Reservierung (möglich ab 8 Pers.) www.fromagerie-st-nicolas.com, Tel. 0033-(0)3.89.24.90.45.

CHOCOLATIER GRIMMER – **Wintzenheim.** Am Weg ins Münstertal, im Weichbild Colmars: Eine Pralinenschachtel gleich neben der Schnellstraße, oder so: eine Schokoladenfabrik mit

Eine begehbare Pralinenschachtel: Grimmer, Wintzenheim

Ladengeschäft und kleinem Café. Es wartet ein klimatisierter, betörend duftender Traum mitten im LKW-Stauland um Colmar – vor Feiertagen ist die ruhige Beschaulichkeit allerdings dahin, dann werden auch bei Grimmer Nummern gezogen wie im Supermarkt an der Wursttheke.

Grimmer verarbeitet ausgewählte Kakao-Sorten zu seiner Hausschokolade, große Auswahl an Truffes „fait main". Außerdem im Angebot: Eigene Schokolade in Tafeln, sortenreine heiße Trinkschokolade (13 Sorten, mit Milch zubereitet), die wird hinten im Salon des Grands Crus de Chocolats ausgeschenkt oder an den paar Tischen vor dem Eingang.

Chocolatier Grimmer, 61, route du Colmar, 68920 Colmar/Wintzenheim, Tel. 0033-(0)3.89.80.60.40, www.chocolatgrimmer.com. Faire Preise. Täglich außer Sonntag von 9.30 bis 12.30 und 13.30-18.30 Uhr. Ferien im heißen August.

Lage: Direkt an der Kreuzung der Colmarumfahrung N 83 Mulhouse/Strasbourg und der D 417. Das große rosa Gebäude auf der rechten Straßenseite (von Colmar kommend) ist nicht zu übersehen.

Traditionsadresse im Zentrum Colmars

Schlafen

MAISON DES TÊTES** – Colmar.** Mittendrin ist es manchmal am ruhigsten. Das „Kopfhaus" ist ein Traditionsbau aus dem Jahre 1609 (alter Weinhandel), das Anwesen hat seinen brachial klingenden deutschen Namen von den 105 Fassadenköpfen, die ziemlich schauerlich dreinblicken. Dennoch, oder deswegen gehört das Haus zu den schönsten Bauten im alten Colmar. Auf dem Giebel ein in Bronze gegossener Faßbinder von Bartholdi, jenem Sohn Colmars (1834 geb.), der auch für die Lady of Liberty im New Yorker Hafen verantwortlich ist. Während der Hauptsaison wird das *Monument historique* von Gruppen und Sightseeing-Reisenden regelrecht heimgesucht. Die Hausgäste im weinbelaubten Innenhof hinter dem Tor braucht dies aber nicht zu stören, man sitzt hier kommod, von Fachwerk gerahmt (nicht auf Plastik) und darf sich auf ein ordentliches Menu oder kleine Gerichte wie Kaninchenterrine oder Entencarpaccio freuen. Auch

21 Zimmer, weinbelaubter Innenhof: Maison des Têtes

innendrin wirkt alles angenehm renoviert, dreschflegelfrei, ohne Elsässer Barock. 21 komfortable, große Zimmer – alle haben einen Vorraum mit Schrank und Toilette – mit Blick auf den kopfsteingepflasterten Innenhof und über die Altstadtdächer. Die größeren und ruhigeren Zimmer schauen zum Hof. Zwar touristisch, aber eine sichere Bank mit Behaglichkeitsgarantie.

Maison des Têtes
(Carmen und Marc Rohfritsch)
19, rue de Têtes, 6800 Colmar
Tel. 0033-(0)3.89.24.43.43
www.la-maison-des-tetes.com

Typ: bewährte Traditionsadresse mitten in der Altstadt, beim Unterlindenmuseum um die Ecke. Historischer Speisesaal, modern renovierte Zimmer. ♣ Ruhiger Innenhof.

Restaurant-RT: So-abend, Mo, Di-mittag.

Preise: im Restaurant mittel-hoch.
Im Hotel (18 Zimmer): hoch (Doppel 91-230 Euro, Appartements ab 208 Euro). Ausgezeichnetes Frühstück für 12 Euro. Parkplätze für Hotelgäste.

Mittelklasse am ehemaligen Exerzierplatz, Le Colombier

LE COLOMBIER*** – **Colmar.** Ein Stadthotel am alten Exerzierplatz, also am Rande des hochromantischen Klein-Venedig-Viertels. Erst vor ein paar Jahren wurde das stattliche alte Renaissancehaus renoviert, die Fensterläden blau gestrichen und in ein lichtes, freundliches Hotel verwandelt. Die zentrale, dennoch ruhige Lage muß natürlich bezahlt werden. Geboten wird zeitgemäßer Komfort, ein sehr schöner Innenhof, eine Bar mit Kamin im Erdgeschoß. Eine gute Wahl in der gehobenen Mittelklasse.

Le Colombier
7, rue Turenne, 6800 Colmar
Tel. 0033-(0)3.89.23.96.00, www.hotel-le-colombier.fr

Lage: am Rand vom Petit-Venice-Viertel (gut ausgeschildert)

Angebot: 23 Zimmer, 1 Suite und Appartements. Einige Zimmer mit Whirlpool. ♣ Ruhiger Innenhof.

Preise: mittel-hoch (Einzel und DZ ohne Frühstück 86-182 Euro, Suite ab 205 Euro; Appartements 190-250 Euro). Haustiere erlaubt.

Gebrauchsanweisung Unterlindenmuseum

„Ich besuche den Isenheimer Altar jedes Jahr ein Mal – wenn ich glücklich bin, bin ich hinterher eher traurig, wenn ich traurig bin, bin ich hinterher eher glücklich." Sagt ein guter Freund. Nach meinem ersten Besuch war ich nur schlecht gelaunt – das lag aber auch am vollen, damals übervollen Haus: „Jedes Jahr kommen Hunderttausende Besucher, um den bekannten Isenheimer Altar zu bewundern, eines der bedeutendsten Werke der Kunstgeschichte" (Touristenbüro Colmar).

Mein Tip deshalb: Meiden Sie die besucherstarken Wochenenden im Sommer; betrachten Sie den Altar und nur den Altar – das reicht allemal (siehe unten) und lesen Sie vorher den wunderbaren Essay von John Berger, Zweimal in Colmar. Den Isenheimer Altar neu gesehen, in: ders., Das Leben der Bilder oder die Kunst des Sehens, Berlin 1981, Seite 70-77.

Unterlindenmuseum, 1 rue d'Unterlinden, 68000 Colmar
Tel. 0033 (0)3.89.20.15.50, www.musee-unterlinden.com

Tägl. außer Dienstag: Mai bis Oktober: Mo bis So 9-18 Uhr; Nov. bis April: Mi bis Mo 9-12 Uhr, 14-17 Uhr; geschlossen am 1.01., 1.05., 1.11. und 25.12.

Eintritt: 7 Euro

„Wenn man Kulturgeschichte studiert, geht man selektiv vor, man geht mitunter achtlos am Vermeer vorbei, wenn man Kalfs Prunkstillleben sehen möchte, und bleibt eine halbe Stunde vor einem einzigen Gemälde."

Don Alphonso – FAZblog vom 23. Juni 2009 (http://faz-community.faz.net/blogs/stuetzen/archive)

Münstertal & Münsterkäse

Von Colmar führt die D 417 auf kurzem Weg in Richtung Vogesen. Die meisten Dörfer im unteren Münstertal liegen rechts, auf der sonnenexponierten Seite, wo sogar noch Wein gedeiht, während auf den sonnenabgewandten Hängen der Wald bis ins Tal reicht. Weiter talaufwärts, etwa 20 Kilometer westlich von Colmar, in einer Talenge, die nur im Sommer Wärme abbekommt, liegt der Hauptort Munster. Eben dort teilt sich das Tal der Fecht (Münstertal) in das große Tal Richtung Metzeral und in das kleine Tal Richtung Soultzeren.

■ **Käsegeschichte** – **Munsterkäse** (kurz: Munster) entstand aus einer kulinarischen Notlage: Im Winter und immer dann, wenn von den entlegenen Vogesenhöfen frische Milch nicht mehr zu Markte transportiert werden konnte, wurde eben Munsterkäse produziert. Praktische Überlegungen gingen bei der ursprünglichen Munsterkäseproduktion, wie bei manch anderen Käsesorten, stets vor kulinarischen Finessen. Auch wenn das im Elsaß niemand so gerne hört, es ging zunächst einmal schlicht und einfach um eine Methode der Konservierung von Milch, die auf jedem Hof ohne größeren Aufwand zu praktizieren war. Und so schmeckt auch heute noch mancher Munster Fermier mehr derb als fein.

Der meiste A.O.C. Munster stammt aus der Fabrik

Der verdammt aromatischer Weichkäse aus Kuhmilch ist eine der ältesten Käsesorten Frankreichs. Seit 1969 gehört Munster unter den beiden Bezeichnungen *Munster* – aus der Gegend um Lapoutroie, Münster und Orbey und *Munster Géromé* – von der anderen Seite der Vogesen aus der Gegend um Gérardmer (Gérardmer heißt im alten lothringischen Dialekt Géromé) zu den über 30 französischen A.O.C.-Käsesorten (A.O.C. *Appellation d'Origine Contrôlée* = geschützte Ursprungsbezeichnung). Herstellungsgebiet und Herstellungsverfahren dieser A.O.C.-Sorten sind reglementiert.

Allerdings zeigt gerade der Munster, daß bei mancher A.O.C.-Käsesorte noch viel Produktionsspielraum bleibt. Beim Munster ist nur geregelt: Herkunftsregion der Milch und die Rezeptur. Deshalb ist es auch möglich, daß der weitaus größte Teil des A.O.C.-Munster heute aus Fabriken stammt – Fabriken, die ihre Milch natürlich nicht nur von jenen Hochweiden der Vogesen beziehen, die ursprüngliche für die Güte des Munster gesorgt haben. Einzig der sogenannte *Munster Fermier* muß aus roher Vogesenmilch erzeugt sein. Industriell gefertigter Munsterkäse aus pasteurisierter Milch hat mit dem ursprünglichen Munster Fermier, der aus unbehandelter und nicht erhitzter Milch erzeugt wird, aromatisch wenig gemein. Heute wird Münsterkäs von ca. 180 Bauernhöfen in der ganzen Region Südvogesen hergestellt – also weit über das namensgebende Münstertal hinaus.

Einkaufen im Münsterkäse-Dreieck

Lapoutroie, Hachimette, Orbey. Zu kaufen gibt's den höherwertigen Munster Fermier in der Regel direkt beim Erzeuger, etwa bei diversen Fermes Auberges oberhalb des Münstertals in der Region um den Petit Ballon (s.u.) und in der Region Lapoutroie, Hachimette, Orbey. Außerdem bei den reinen Hersteller-Fermen (ohne Auberge), die auf Märkten in Colmar, Mulhouse, Riedisheim und St. Louis vertreten sind (vgl. dort).

Allerdings sind idyllische Lage oder romantischer Anblick der Produktionsstätte – wie oft bei landwirtschaftlichen Produkten – keine Garantie für ein qualitativ einwandfreies Produkt. Was bei Lagerung und Pflege von Munster vielleicht noch wichtiger ist als bei anderen Käsesorten: unbedingt vor dem Genuß auf Zimmertemperatur bringen, Münsterkäse sollte nie im Kühlschrank frieren! Lagern am besten: zwischen zwei Tellern im Keller!

Mit Kümmel, ohne Rinde: Munsterkäse von der Ferme Lac du Forlet

Vorsicht: Der Ferme- und Marktverkauf hat zumindest im Sommer und Herbst während der Haupt-Touristenzeit einen Nachteil: wegen der hohen Nachfrage kommt Münsterkäse oft zu früh zum Verkauf, man erhält dann eher zu kurz gelagerte Ware. In der ruhigeren Winterzeit gibt es auch genug reife, innen weiche Laibe, die außen schon eine feste Rinde haben. Sie zeigen im Auto – trotz hermetischer Versiegelung – schon nach wenigen Minuten, welches olfaktorische Potential in ihnen steckt (Kühlbox!). Mit zunehmender Reife des Münsterkäses wird die zweite Konsumregel wichtig: nie mit der Rinde essen! Was bei einem frischen, innen noch festen Munster denkbar ist – Komplettverzehr, gekühlt – wäre beim reifen Käse ein grober Unfug. Denn der Rindengeschmack eines echten, reifen Munster Fermier ist – wie bei den meisten Rohmilchkäsesorten – ein aromatisches Desaster.

Laden der Erzeugergemeinschaft in Hachimette

■ **LE CELLIER DES MONTAGNES – Hachimette.** Die Landwirtschaft im steilen Gelände in der Region um Lapoutroie ist beschwerlich, die Direktvermarktung auf den entlegenen Bauernhöfen schier unmöglich. Die wenigen Bauern, die sich noch ein paar Kühe hielten, gaben die Milch an die Molkereien ab. 1988 begann der Kräutersammler Serge Wurtz mit ein paar Gleichgesinnten, Produkte in einem Laden gemeinsam zu vermarkten, seine Initiative hatte Bestand.

Der Laden der Erzeugergemeinschaft von mittlerweile 13 Bergbauern liegt direkt an der Bretterstrecke der Nationalstraße 415 Kaysersberg – Col du Bonhomme, am nördlichen Ortsausgang von Hachimette (ein Ortsteil von Lapoutroie), beim alten Eisenbahnwaggon (dort auch: Tourismusinformation und ein Restaurant A l'Ancienne Gare – nicht vom aggressiven Elsässerblau abschrecken lassen, die Einkehr hat nichts mit dem Laden zu tun.)

Der Laden lohnt wegen des außergewöhnlich breiten Angebotes, ideal auch zur Verproviantierung auf nachgelagerten Wanderungen: Munster-, Berg- und Ziegenkäse, Butter, Jo-

Bei Orbey/Basses-Huttes

ghurt, Rahm, Eier, Honig und Marmelade, Brot, verschiedene Essigsorten, Speck, Geflügel, Kaninchen – selbst Foie gras. Außerdem Bio-Säfte und Wein. Zum Wochenende hin wird auch biologisches Rind-, Lamm- und Schweinefleisch verkauft.

→ **Le Cellier des Montagnes** – Ancienne Gare, Hachimette (von Colmar auf der RN 415 Richtung St. Dié/Nancy). Tel. 0033-(0)3.89.47.23.60. Öffnungszeiten: Tägl. außer Di, auch So: 9-12.30 und 14.30-19 Uhr.

■ **La Graine au Lait/HAXAIRE** – **Lapoutroie.** Die Fromagerie de Munster AOC der Familie Haxaire (affineur seit 1929) verarbeitet mittlerweile die Milch von 21 Bauernhöfen der Umgebung – pro Jahr werden 300.000 Laibe produziert, zum großen Teil pasteurisiert. Das neue große Ladenlokal am Kreisel Lapoutroie/Orbey ist nicht zu übersehen. Hier werden auch Munsterkäse von Fermes Auberges der Umgebung angeboten. Jeden Vormittag Vorführungen zur Käseherstellung.

→ **La Graine au Lait** (Jacques Haxaire), 68650 La Croix d'Orbey/Lapoutroie, Tel. 0033-(0)3.89.47.50.76, www.haxaire.com. Mo bis Fr 10-12 und 15-17 Uhr, Sa 10-12 Uhr.

Hofladen der Ferme du Pré du Bois

■ **La Ferme du PRÉ DU BOIS** – **Orbey/Basses-Huttes.** Ein kleiner, feiner Bauernladen oberhalb der neu gebauten und empfehlenswerten Ferme der Familie Chaize (vgl. dort). Im Sortiment ausgezeichneter Ziegen- und Bergkäse, außerdem Kuhmilch-Frischkäse, Munster fermier, Butter, Kuhmilch-Joghurt und schlicht und einfach „die" endgültige Marmelade in großer Sortenvielfalt: Heidelbeer, Brombeer, Waldhimbeer (!) und Sauerkirsch. Allesamt vorzügliche im Wortsinn und preiswerte Alternativen zu den gefeierten Medienmarmeladen von Mme Ferber.

→ **La Ferme du Prè du Bois,** 68370 Orbey-Basses-Huttes (an der Abzweigung zu den Skigebieten und Les Lacs). Tel. 0033-(0)3.89.71.22.11. Geöffnet: täglich, auch sonntags!

■ Einen sehr feinen Munster, den von *Patrick Chaize,* gibt es auf der **Ferme Auberge du Rain des Chênes, Orbey/Basses-Huttes** (siehe S. 234)

Einfach, praktisch, günstig – Wetterer, Basses-Huttes

WETTERER** – **Orbey/Basses-Huttes.** Das traditionelle Hotel/Restaurant für Wanderer und Naturburschen, die mit der etwas rauhen, abgeschiedenen Lage im kleinen Weiler Basses-Huttes (700 m), 4 km oberhalb Orbey, klarkommen. Das Haus liegt direkt an der wenig befahrenen Durchgangsstraße D 48. Einfache Zimmer und gute regionale Mahlzeiten (Forelle blau, Sauerkraut komplett, Rehkeule). Das opulente, somit eher unfranzösische Frühstück überrascht mit Marmelade, Käse und Wurst und weichen Eiern – und das in Frankreich! Dazu im Preis günstig und freundliche Wirtsleute.

Mme Wetterer vermietet auch ein Gîte (Ferienhaus), alleinstehend oberhalb Basses-Huttes, also in Hautes-Huttes, schon 800 m hoch). Das hat den Vorteil der offenen freien Lage: 3 Zimmer (insges. 6 Betten), mit Küche und Bad.

Hotel/Rest. Wetterer, Logis de France (Fam. Wetterer)
206a, les Basses-Huttes, 68370 Orbey, Tel. 0033-(0)3.89.71.20.28.
Geöffnet: Ganzjährig. RT: Mi (außer Juli/August).
Typ: einfacher traditioneller Landgasthof mit allem Notwendigen zur Grundversorgung (Sauna, Bar, 16 Doppelzimmer). **Preise**: günstig.

Im Ried

Kähne, Kanäle und flaches Land – Feld, Wald und feuchte Wiesen, neue Straßenkreisel und alte Kanäle, letzte Kilometer vergessener Chausseen mit geschlossenem Blätterdach. Wer dramatische Landschaft oder bekannte Ziele sucht, sollte anderswo hinfahren. Man kann im Ried aber

Am Rheinufer bei Erstein

trotzdem einen lässigen Sommertag vergondeln, vielleicht die Picknickdecke an einem der stillen Kanäle ausrollen, die Füße auf einen halb abgesoffenen Kahn legen und den Trauerweiden beim Nichtstun zusehen. Das Ried ist etwas daneben, aber es ist eine Gegend zum Treiben lassen.

Limersheim
Nordhouse
Meistratzheim
Niedernai
Goxwiller
Valff
Andlau
Bourgheim
Gertwiller
Zellwiller
St. Pierre
Stotzheim
Kertzfeld
Epfig
St. Marguerite
Schaeffersheim
Bolsenheim
Uttenheim
Westhouse
Erstein
Krafft
Canal du Rhône au Rhin
83
Osthouse
Matzenheim
Sand
Ill
Gerstheim
Meißenheim
Schwanau-
Ottenheim
Benfeld
Huttenheim
Obenheim
Allmannsw
56
Nonnenweier
Sermersheim
Kogenheim
Herbsheim
Rossfeld
Daubensand
Boofzheim
9
Wittenweier
Kippenheimwei
Rhinau
Ebersmunster
Ebersheim
Witternheim
Friesenheim
Zelsheim
Taubergießen
Hilsenheim
Bindernheim
Dibolsheim
Kappel
Grafenhausen
57
Orschweier
Sélestat
Muttersholtz
Wittisheim
Rust
Elz
Sundhouse
57a
Baldenheim
Mussig
Niederhausen
Ringsheim
Saasenheim
Schnellenbuhl
Richtolsheim
Schœnau
Rheinhausen-
3
Herbolzhei
58
Oberhausen
Tutschfelde
Hessenheim
Artolsheim
Heidolsheim
Wagenstadt
Weisweil
Bootzheim
Kenzingen
Ohnenheim
Mackenheim
Dreisam
A5
Elsenheim
Marckolsheim
Wyhl
Hecklingen
Forchheim
Malter
59
Riegel
Grussenheim
Sasbach
Endingen
Königschaffhausen
Jebsheim
Jechtingen
Leiselheim
Artzenheim
Amoltern
Kiechlinsbergen
Bahlingen
Muntzenheim
Durrenentzen
Baltzenheim
Burkheim
Bischoffingen
Schelingen
Nimburg
60
Vogtsburg-
Kaiserstuhl
Eichstetten
Urschenheim
Kunheim
Oberrotweil
Eichelspitze
522
Widensolen
Bickensohl
Bötzingen
Neuershsn.
Holzhsn.
Achkarren
Totenkopf

Aus-der-Welt

Auf dem Rheinsträßchen bis Rhinau – schon der Beginn einer Tour ins Ried kann etwas Besonderes sein: Entweder man gönnt sich eine Kurzpassage auf der kleinen Rheinfähre bei *Kappel* – die Passage dauert nur Minuten, der Rhein ist hier kaum 300 Meter breit – oder man nimmt die Brücke bei *Sasbach-Marckolsheim* (Zufahrt von D über A5 Ausfahrt Riegel). Von Marckolsheim gondelt man dann über ein passagenweise noch richtig romantische Rheinsträßchen (D 20) nach Norden bis Rhinau. Der alte Schleck Siebeck fährt heute mal voraus:

„Es ist eine Fahrt durch eine andere Welt. Links, neben oder unter mir der Damm, der das Land vor Überschwemmungen schützt, rechts Bäume: Nußbäume, Buchen, blühende Weißdornhecken, Kastanien, wilde Kirschen; das helle Grün der Birken, das dunkle der Kiefern und Fichten, anonyme Büsche und Hecken, alles durcheinander – mit einem Wort, die sich selbst überlassene Natur.“

Der Mann hat recht. Die Anonymität der Büsche möchten wir nicht lüften, ein kurzer Hinweis sei aber noch erlaubt. Ab und an – und besonders dort, wo die Altrheinarme bis fast an die Straße reichen, oder auch oben auf dem Rheindamm würde ein kurzer Halt lohnen. Wo sonst kann man dem Wels beim Gründeln zusehen? Die Fahrt durch das dichte Grün ist eine anregende, zur Sommerszeit bukolische Landpartie. Allerdings wird der Traum auch immer wieder von der realen Elsässer Industrie unterbrochen (Stichworte: Zitronensäurefabrik, Peugeothalden bei Marckolsheim).

Trotzdem, das topfebene Rheinsträßchen zwischen Markkolsheim und Rhinau ist so eine Aus-der-Welt-Strecke. Eigentlich bräuchte man hier zum Gleiten und Schweben eine alte Citroên DS.

Zuverlässige Landstraßenetappe: Auberge à l'Illwald

Neben der einen, der monumentalen Adresse in Illhäusern (Sie wissen schon) gibt es ein paar durchaus charmante Einkehren und interessante Einkaufsquellen. Rumtreiber finden im Ried also keine Liste zum Abhaken, sondern ein paar sichere Ankerplätze.

Ein Landgasthof an der Kreuzung

AUBERGE À L'ILLWALD – **Le Schnellenbuhl.** Gute Stimmung und solide Küche gleich neben der Landstraße. Im flachen Ried, neben einer Straßenkreuzung, ein beliebtes Gasthaus, mehr: „das“ Landgasthaus weit und breit. Bis Anfang der neunziger Jahre war hier ein schlichter Treff für ein quart du côte. Dann übernahmen Christian Schwarz und seine

Landpartie mit gekiestem Innenhof: Auberge à l'Illwald

Frau Brigitte den elterlichen Betrieb, bauten nach und nach um, an und aus – und mit der Zeit wurde ein sympathisches Restaurant daraus. Zum Glück haben die Beiden – so nah an Illhäusern – nicht abgehoben.

Die Küche bietet Bewährtes, mit Bodenhaftung gekocht, aber nie primitiv. Die Gäste passen dazu, mittags kommen Berufstätige und Gewohnheitstäter, auch abends viel Stammpublikum aus der Umgebung, mitunter sogar aus dem Freiburger Umland (45 km bis Schnellenbuhl). Über Mittag ist der Parkplatz meist dicht belegt und im Restaurant sieht's ähnlich aus. Ohne Reservieren geht nichts, an Sturm- und Drangtagen am Wochenende kann die Küche mal an die Grenze geraten, aber ansonsten ist man hier gut aufgehoben, zur Landpartie paßt das Retro-Ambiente mit jagdlicher Wandmalerei, aber eben ohne Plüsch und Plunder. Burleske Wandfresken von *Edgar Malher* schmücken Fassade und Innenräume. Drinnen sitzt man unter barocken tromp l'oeil-Motiven – Halali im Wald und unter Wildschweinen. Im Sommer wird auch an

Gute Etappe an der Landstraße, Auberge à l'Illwald

langen Holztischen im großen Innenhof getafelt. Bistrôt-Klassiker kommen mehr als ordentlich zu Tisch, darunter Pastete, lang Geschmortes und kurz Gebratenes, auch Choucroute garnie. Beim Fisch zählt allerdings Elsässer Standard, also eher die feste Sahnesauce. Gastfreundliche Preise, auch beim Wein, dieser zudem in großer Auswahl und auch offen in passabler Qualität! (Hinterher Decke am Kanal ausrollen.)

Zeitgemäß ausgebaut wurden die beiden Nebengebäude im alten Anwesen: 2005 wurde das Hotel de l'Illwald eröffnet, es verfügt mittlerweile über 16 moderne, individuell eingerichtete, sehr behagliche Zimmer. Fazit: ein sicherer Hafen im Ried.

Bistrot-Klassiker vor Tromp-l'oeil-Motiven – Auberge à l'Illwald

Auberge à l'Illwald (Brigitte und Christian Schwartz)
67600 Sélestat/Le Schnellenbuhl (südöstl. Sélestat an der D 424 Richtung Marckolsheim), Tel. 0033-(0)3.88.85.35.40, www.illwald.fr

Typ: inhabergeführtes Landgasthaus mitten im flachen Ried, angenehm, praktisch, gut. Zwei charmante Gaststuben.

♣ gekieste Gartenterrasse im Innenhof.

RT: Di, Mi. Ferien Ende Juni (genauen Termin erfragen), 24. Dez. bis 1. Januar.

Preise: moderat, günstiges Mittagsmenu.

16 komfortable Gästezimmer und Suites in den beiden stilvoll renovierten Nebengebäuden:

Hotel de l'Illwald, 67600 Sélestat/Le Schnellenbuhl, Tel. 0033-(0)3.90.56.11.40, www.illwald.fr

Preise: moderat (DZ 72 bis 125 Euro, Frühstück 12 Euro).

Kupferpfannen mit 4 mm Wandstärke: Baumalu, Baldenheim

■ **BAUMALU** – **Baldenheim.** Nicht nur Emile Jung vom Crocodile in Straßburg gerät beim massiven Kupfergeschirr von Baumalu ins Schwärmen. Dabei sind die Pfannen mit immerhin 4 mm Materialstärke im Vergleich nicht einmal außergewöhnlich teuer. Außerdem im Angebot noch jede Menge andere Küchenutensilien, etwa emaillierte cocottes, Alupfannen, auch Woks, Porzellan; dazu kommt auch das eine oder andere entbehrliche Utensil wie die glibbrigen Gugelhupfformen aus Kunststoff, die auch ohne Butter funktionieren sollen. In der ersten Oktoberwoche gibt es vieles Artikel zu reduziertem Preis – genaues Datum bitte telefonisch erfragen.

Baumalu, 20, route de Schwobsheim, 67600 Baldenheim
Tel. 0033-(0)3 88 85 31 35, www.baumalu.fr;
Öffnungszeiten: Di bis Fr 10-12 Uhr und 14-18.30 Uhr, Sa 10-17 Uhr.

Le Kelsch d'Alsace

Muttersholtz (7 km östlich Sélestat). Die feuchten Riedwiesen um Muttersholtz boten einst ideale Bedingungen für den Flachsanbau. So war gut ein Drittel der Dorfbewohner bis Ende des 18. Jh. mit der Leinenweberei beschäftigt. Nachdem jedoch die Silberminen im 25 km entfernten St.-Marie-aux Mines stillgelegt wurden und Textilmanufakturen aus Mulhouse dort Filialen gründeten,

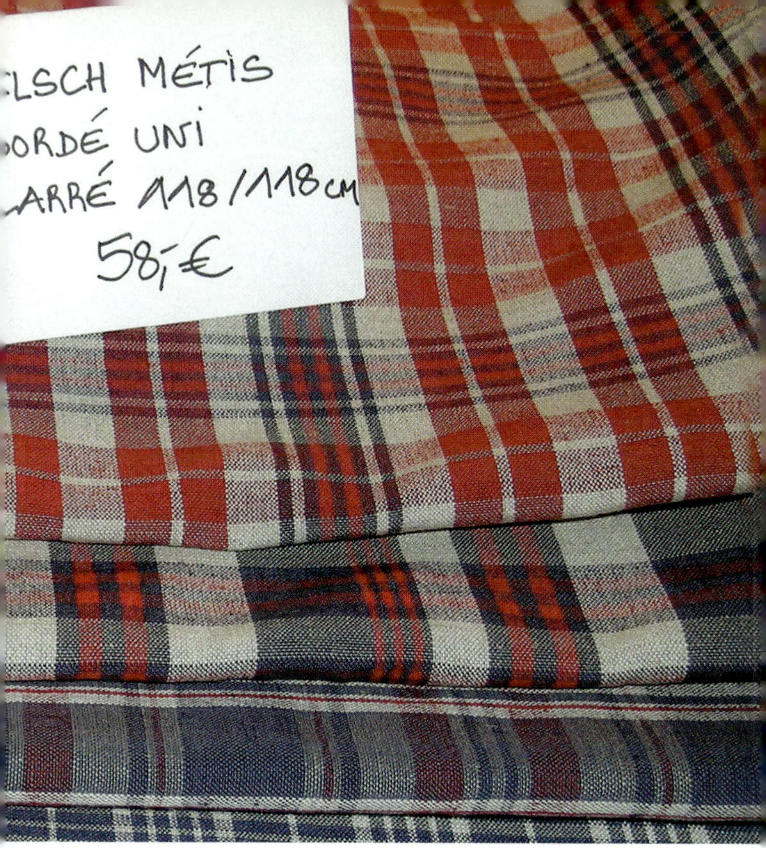

Le Kelsch d'Alsace

zogen viele Weber in das ehemalige Minenstädtchen und fanden dort Arbeit. Ende des 18. Jh. waren in elf Fabriken 4000 Arbeiter beschäftigt. Heute leben in Muttersholtz gerade noch 1600 Einwohner, ein Viertel weniger als um die Jahrhundertwende. Übrig blieb aber eine kleine, feine Einmann-Weberei:

Original Kelsch-Stoffe aus der Weberei Gander, Muttersholtz

■ **Leinenweberei GANDER** – **Muttersholtz.** Michel Gander hat die Weberei 1970 von seinem Vater übernommen, in der siebten Generation stellt er heute die gefragten und seltenen elsässer Leinenstoffe nach alten Originalmustern her. Gander arbeitet alleine, er möchte von der Herstellung bis zum Verkauf alles in einer Hand behalten. „Le Kelsch d'Alsace" heißt der Traditionsstoff mit dem naturbelassenen beigegrauem Grundton, typisch sind die eingewebten blauen und roten Streifen oder Karos. „Le Kelsch" ist nach Grimms Wörterbuch „ein Zeug mit blauen Streifen, halbwollen oder Leinen, bes. zu betten, ueberröcken, auch gölsch, kelsch, das bes. weisz und blau gestreift oder gewürfelt in Gebrauch ist." Wahrscheinlich kommt „Kelsch" ursprünglich von „Kölnisch Blau", elsässerdeutsch wird daraus: „kelschbloi".

Zu kaufen sind Ganders Kelsch-Stoffe in verschiedenen Mustern und Qualitäten in Ganz- und Halbleinen (*au naturel/ tradition/métis*) in einem großzügigen, im Jahr 2007 neu bezogenen Ladengeschäft seiner Frau Chantal, mit einem Garten

Michel Gander am Webstuhl

für die ungeduldig wartenden Ehemänner. Die Kundschaft kommt aus dem Elsaß und aus ganz Frankreich, vereinzelt auch Exilelsässer, die Kelschstoffe als wertvolle Erinnerung mitnehmen. Die robusten Leinenstoffe sind etwa doppelt so widerstandsfähig wie Baumwolle, die Küchentücher sind ideal zum Polieren guter Weingläser. Eine Fahrt ins Ried lohnt also allein schon wegen der feinen blau- oder rotgestreiften Gläsertücher (für 9 Euro), die eine fusselfreie Gläserpolitur garantieren! Außerdem im Angebot: Servietten, Tischdecken, Kissen, Bettbezüge und Vorhänge. Einige Stoffe werden am laufenden Meter (150 cm breit) verkauft, auf Wunsch werden auch individuelle Kleinserien und Sets gefertigt.

Leinenweberei Gander (Michel und Chantal Gander)
13, rue de Verdun, 67600 Muttersholz
Tel. 0033-(0)388-85.15.32, www.tissage-gander.fr.

Ladenzeiten: Mo bis Sa 14 - 17 Uhr.

Angebot: Ganz- und Halbleinenstoffe am laufenden Meter und nach Wunsch gefertigt; Vorhänge, Handtücher, Bett- und Tischwäsche.

Riedkäse von 80 Kühen, Käserei Rémy Meyer, Ehnwihr

■ **Tomme PRÉS DU RIED – Muttersholz-Ehnwihr.** Remy Meyer verzichtet auf den hier üblichen, hoch subventionierten Maisanbau. Stattdessen grasen auf 60 Hektar Ried 80 Kühe, aus deren Milch wird ein ausgezeichneter Rohmilch-Hartkäse „tomme près du Ried". Einer der ganz wenigen Käse der Region, der ausschließlich von der Milch der Kühe im Ried stammt. Den Käse stellt Meyer aber nicht selbst her, dafür bleibt bei 80 Kühen keine Zeit mehr. Ein Käser in der Nachbarschaft arbeitet mit ihm zusammen und die beiden haben geschafft, wovon viele nur träumen können: wöchentlich werden aus 2000 Liter Milch 200 Kilogramm Käse hergestellt – und in den Läden in der Umgebung (u.a. Carrefour Mulhouse) oder direkt ab Bauernhof verkauft.

La Tomme Prés du Ried (Ferme Meyer, Remy Meyer), 67600 Muttersholtz-Ehnwihr, mitten im Dorf direkt an der Ill, Tel. 0033-(0)3.88.85.12.42.

Leben in der Oase: Pierette und Jean-Luc, Ambiance Jardin, Diebolsheim

Eine Herberge für Gartenfreunde

AMBIANCE JARDIN – Diebolsheim. Wo früher große Tabakfelder waren, liegt heute einer der schönsten Gärten im ganzen Ried. Und Übernachten geht auch noch: in der Scheune des dazugehörigen alten Bauernhofs wurden vor ein paar Jahren vier Gästezimmer mit historischem Mobiliar allerliebst eingerichtet: das Feldblumen-, Laub-, Hortensien- und Rosenzimmer. Das Frühstück wird im hellen Salon serviert oder, dem Anwesen angemessener, gleich im Garten oder im Gewächshaus. Die nähere Beschreibungen des Gartens überlassen wir den verschiedenen Gartenzeitschriften, noch besser kann es aber Pierrette, die jeden Morgen das tagesfrische Gartenbild auf ihre homepage setzt – wenn sie nicht gerade im Garten arbeitet, neue Pflanzen einkauft oder ihrer Sammlerleidenschaft nachgeht. Nur soviel: man verläßt den Garten und das Gärtnerpaar nur ungern. Es gibt sogar Gäste, die immer wieder mal alle vier Zimmer anmieten, ohne genau

Grün gehabt: Ambiance Jardin, Diebolsheim

zu wissen, wer mitkommt – bis jetzt haben sich immer genug Interessenten gefunden. Fast überflüssig zu erwähnen, daß das Landfrühstück ausgezeichnet ist – wer Gärten liebt, liebt auch gutes Essen. Und noch was: Nina, der Labrador der beiden, mag seinen Garten mit keinem anderen Hund teilen.

Ambiance Jardin (Pierrette und Jean-Luc Kieny)
12, rue de l'Abbé Wendling, 67230 Diebolsheim
Tel. +33 (0)3 88 74 84 85, www.ambiance-jardin.com

Besonderes: der ♣ Garten, die Zimmer, die Gastgeber!

Preise: moderat (Doppel – alles Nichtraucherzimmer – mit Frühstück ab 75 Euro)

Bio Käse aus erster Hand: Ferme Durr

■ **Raimond DURR** – **Boofzheim.** Eine weitere Adresse für Bio-Kuhkäse aus dem Ried (außerdem Fleisch, pâté, Obst und Gemüse). Verkauf auf dem Bauernhof am Dorfeingang und in den Bio-Läden der Region.

→ **Ferme Durr**, 67860 Boofzheim, Tel. 0033.(0)3.88.74.87.80. Ladenzeiten: 8-12 und 14.30-18 Uhr; Do, Sa nur bis 16 Uhr.

■ **MIREILLE** – **Boofzheim:** Gänse- und Entenspezialitäten von *Mireille* (südöstlich von Sélestat, am Ortsausgang Richtung Friesenheim). Der moderne Laden im Innenhof eines Bauerngehöfts direkt an der Durchgangsstraße ist nicht groß ausgeschildert, es gibt nur Aufstelltafel an der Einfahrt – Mireille ist trotzdem weitbekannt. Es gibt gute Foie gras zu fairen Preisen. Außerdem die ganze Palette an Pasteten und Terrinen drumrum: *Magret farci, fumé, persillé de canard, pâté en croute, Rillettes, terrine de lapin.*

Ruhe im Ried: Den Trauerweiden beim Nichtstun zusehn

Auf Bestellung: Hase, Gockel, Hühnchen, Perlhuhn, Kapaun, Truthahn, auch ganze Gerichte wie magret en croûte, canete farcie. Im Sommer Grillangebote *(brochettes au magret, aux aiguillettes)*. Am besten selbst vorbeischauen.

→ **Mireille**/E.A.R.L. du Héron Cendré (Mireille Issler)
22, route de Colmar, 67860 Boofzheim, Tel. 0033-(0)3.88.74.60.92.
Ladenzeiten: Mo bis Do 9-12/14-18 Uhr; Freitag 9-19 Uhr; Sa 9-17 Uhr.

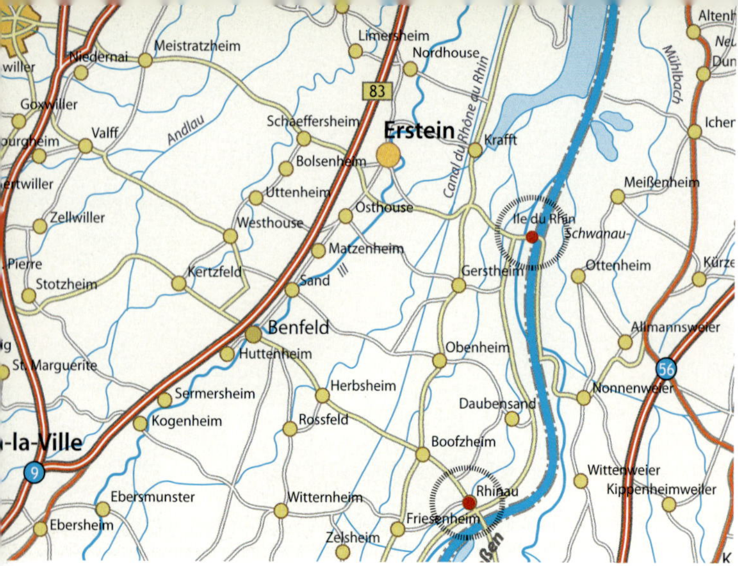

Zwei Aussenposten

AUX BORDS DU RHIN (I) – **Rhinau.** Vorne im populären Tresenraum herrscht gelöste Stimmung, aber auch hinten im Saal wird recht munter, bis volkstümlich aufgetischt: einmal mehr *matelote*, die Spezialität der Region (möglichst 2 Std. vorher bestellen – serviert wird ab 2 Personen). Zum anregenden Teil der Karte zählen auch Forellen und vor allem die Hausspezialität Zander, beides solide gemacht, allerdings von banalen Dampfkartoffeln eskortiert (wann endlich wird die Kartoffel in der bürgerlichen Küche wieder gehegt und gepflegt ?). Wenn sich mehrere zusammentun, wird ein kapitaler Zander auch als ganzer Fisch serviert. „Die Franzosen freuen sich über das Essen, die Deutschen fragen, wo der Fisch herkommt." Der altgediente Oberkellner Marcel wundert sich schon seit Jahren: „Das weiß hier doch jeder, daß der Zander aus Holland stammt." Oder aus Litauen, na und? Die üppige Fischsuppe wäre ebenfalls einen Versuch wert, bei

Zander ohne Zierleisten, Bords du Rhin, Rhinau

anderen Gerichten beginnt die Lotterie: die Seezunge kann auch mal mit dicker Mörtelsauce kommen; das Lamm, der Salat – ach ja.

Grenznahe Lage und günstige Preise sorgen dennoch für Zulauf. Viele Adressen dieser unkomplizierten Art gibt es ja ohnehin nicht mehr! Außerdem stimmt die Atmosphäre, als sozialkulinarisches Gesamterlebnis somit einen Versuch wert.

Aux Bords du Rhin
route du Rhin, 67860 Rhinau (mitten im Ort, an der Hauptstraße zum Rhein), Tel. 0033-(0)3.88.74.60.36.

RT: Mo, Di.

Spezialität: Zander und Entenleberpastete nach Art des Hauses.

Typ: Populär-robustes Traditionsgasthaus mit ebensolcher Küche, 21 einfache Zimmer.

Preise: mittel.

Vierer ohne Steuermann auf der Ill

■ **Brunnenkresse – Die würzige Plage:** Eine üppige Unterwasserflora, teilweise sogar richtige Brunnenkressenester gedeihen in diesem Abschnitt der Ill ausgezeichnet. Im Sommer wird auf den Kanälen um Rhinau sogar ein spezielles Boot mit einer Art Unterwasser-Balkenmäher eingesetzt, das die wuchernden Pflanzen abmäht. Auf den Karten der Region findet sich Brunnenkresse dennoch kaum, dafür irgendein geschmackloser Großmarkt-Blattsalat.

AU BORD DU RHIN (II) **– am Rhein bei Gerstheim.** Noch eine Adresse mit reichlich Lokalkolorit. Wobei schon die Anfahrt auf den herben Charme der Einkehr einstimmt. Von Nonnenweiher (D) führt eine isolierte Straße durch das Niemandsland zwischen Rhein, Rheindamm und Grenzland in Richtung des Überganges bei Gerstheim/Erstein (F). Kurz vor der Landesgrenze liegt das Gasthaus auf einer kargen Rheininsel, wirklich ein Ziel dazwischen. Die kleine Häusergruppe mit Gasthof ist von Deutschland aus kommend nur über eine schroffe Spitzkehre nach rechts unten zu erreichen.

Au Bord du Rhin wirkt geographisch und kulinarisch etwas aus der Welt, ein Tip, der in keinem Hochglanz-Führer auf-

Froschschenkel und dünne Fritten im Niemandsland

taucht: es gibt mal deftige, mal grobe Landküche in landsend-Umgebung. Selbst Froschschenkel werden hier ohne Moralin serviert – und verzehrt. Allein deshalb nehmen einige deutsche Gäste (vorwiegend aus OG) den Umweg auf sich! Ansonsten Standards in Standardqualität, die Crudité, ein Satz Schnecken oder ein Steak poivre sind durchaus ohne Fehl, Fritten dünn und gut, Carpe frite oder gar Fisch muß aber wirklich nicht sein. Das Publikum kann es mit der Spannweite der Karte aufnehmen. Für gelassene Naturen einen Besuch wert. Zudem glättet eine gut bestückte Weinkarte eventuelle Unebenheiten kulinarischer Natur.

Au Bord du Rhin (Jacqueline und Remy Riss)
67150 Gerstheim/Ile du Rhin, Tel. 0033-(0)3.88.98.36.12

RT: Mi.

Typ: Rauhes, aber aufrechtes Gasthaus im Irgendwo zwischen Rhein und Grenze.

Preise: günstig-mittel.

Gemischtes Doppel in Osthouse

Von Gerstheim führt die D 731 durch's Ried: eines der wenigen, noch altmodisch gewundenen Sträßchen. In Osthouse warten zwei gute Adressen und eine Geschichte:

Die eine Großmutter hatte einen stattlichen Gasthof mitten im Ort, die andere, nicht weit davon, ein großes Riedbauernhaus mit Fachwerk, Stall und Tabakscheune. Die Erben hielten beides zusammen, Familie Hellmann blieb auf dem Teppich, beziehungsweise im Ried. Und so wartet heute ein doppelte Station: Die Eltern Hellmann wirten nach wie vor im gastronomischen Platzhirsch „Goldener Adler", er hinterm Tresen, die Mutter allüberall, der Sohn am Herd – ein paar Straßen weiter die Schwiegertochter im neuen Landhotel.

A L'AIGLE D'OR – **Osthouse I.** Ja, die traditionelle Elsass-Gastlichkeit – so muß es früher zugegangen sein. Man tritt ein und freut sich über eine in Jahrzehnten gereifte Mischung aus Wirtshaus und Weinstube, hohe Decke, gedämpftes Licht,

Volksnahe Weinstube, burgeoises Restaurant: Aigle d'Or, Osthouse

behagliche Stimmung, freundliche Bedienungen. Madame ist wie immer präsent. Vorne in Le Winstub als echte Rustikalität, weiter hinten dann die feineren Abteilungen mit Polstern: dazu gehören der bürgerliche Speisesaal mit gewienertem Boden und weit gestellten Tischen und ein herausgeputzter Salon, für größere Anlässe, oder zur Statusdemo.

Die eigentliche Attraktion ist aber die Weinstube vorne, wo bodenständige Stimmung zu volksnahem Preisen geboten wird, über Mittag gibt es eine anständige und preiswerte Plat du Jour (meist steht Wild/Geflügel/Schwein zur Auswahl) auf gewaffeltem Papiertischtuch (Suppe kommt in der Terrine, dann stämmige Portionen auf schwerem Hotelsilber). Zivil kalkuliert auch die Offenweine, etwa ein feiner Pinot Blanc von Jean Sipp aus Ribeauvillé. Das breite Angebot ist hier noch nach alter Manier per Stecktafel ausgehängt.

Wie gesagt, die Weinstube des Aigle ist die Stärke des Hauses, weil es zur interessanten Koalitionen zwischen Stammkunden, Rotnasen und Handwerkern kommt, ab und an läßt

Aigle d'Or, Osthouse

sich etwas Bourgeoisie nieder und verputzt einen Flecken Gänseleber und ein paar Schnecken. Auch zum Flammkuchen brechen ist das vordere Abteil vorzuziehen.

Hinten raus wird es barocker, respektive aufgebrezelt. Neben konventionell klingenden und gekochten Menüs sind Klassiker im Angebot, darunter Pot au Feu, natürlich Choucroute, in Varianten von garnie bis royale (ab 2 Pers.).

Über die Jahre hinweg lockt in den Goldenen Adler vor allem die wohlige Stimmung eines seit Jahr und Tag eingefahrenen Familienbetriebes, die ersetzt bisweilen auch den Glanz in der Küche. Der Sohn war bei Haeberlin, ist ja gut, auf den Teller in der Winstub kommt zweifellos solide Küche und das Mittagsmenü dort zählt ohnehin zu den Vorzügen des Hauses. Manches auf der großen Restaurantkarte wirkt dagegen eher gewollt. Die Weinkarte ist erfreulich breit. In der Summe bleibt der Aigle eine der zuverlässigen bürgerlichen Adressen im flachen Land südlich von Strasbourg.

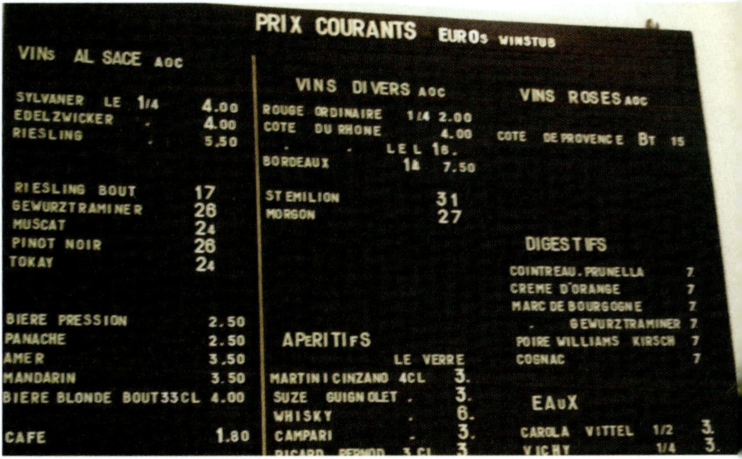

Rouge ordinaire 2 Euro, Aigle d'Or, Osthouse

A l'Aigle d'Or (M. et Mme Arbogast-Hellmann)
67150 Osthouse, 14 rue de Gerstheim (nahe der RN 83 Strasbourg-Sélestat), Tel. 03.88.98.06.82.

RT: Mo-abend, Di.

Typ: Gehoben bürgerlicher Landgasthof mit einer selten gediegenen Weinstube.

Angebot: Im Restaurant gehoben-regionale Küche, mitunter bemüht realisiert (Thunfisch mit Sojasalat und Tandoori). Authentischer die angenehme Weinstube, dort günstiger Mittagstisch, Sa- und So-Abend Flammkuchen aus dem Holzofen. Gänseleberpastete zum Mitnehmen.

Preise: im Restaurant gehoben; in der Stube günstig.

Schlafen: Komfortable Zimmer in der familieneigenen Dépendance Hôtel à la Ferme, 3 min zu Fuß vom Restaurant.

Komfortable Landpartie, Hotel à la Ferme, Osthouse

HOTEL À LA FERME – **Osthouse II.** Ein ruhig gelegenes Landhotel zwischen Kirche und Château Zorn de Bulach. Die Fachwerk-Dépendence des Aigle d'Or wurde elsasstypisch in einem kräftigen Himmelblau getüncht, das Haus paßt auch sonst zum soliden Standard des Restaurants: es bietet familiäre Atmosphäre in einem geschmackvoll renovierten Anwesen. Jedes der sieben Zimmer ist individuell eingerichtet, die drei kleineren liegen im Haupthaus, vier Suiten im ehemaligen Stall. Demnächst sollen noch vier weitere hinzukommen. Die Stimmung im Haus ist dezent und aufmerksam, gleich ob Aufenthaltsräume, Garten, Blumenschmuck oder üppiges Frühstücksbuffet – man fühlt sich gut aufgehoben und versorgt. Für den gebotenen Komfort und Stil gehen die Preise absolut in Ordnung. Die ländliche Lage, nur 20 Kilometer südlich von Straßburg, wäre für Unternehmungslustige zudem ein idealer Ausgangspunkt für Touren im mittleren Elsass. Die Adresse der Wahl für eine Landpartie abseits des Weinstraßenrummels.

Partie an der Ill bei Rhinau

Hotel à la Ferme (Brigitte und Jean-Philipp Hellmann)
10, rue du Château, 67150 Osthouse
Tel. 0033-(0)3.90.29.92.50, www.hotelalaferme.com

Angebot: 3 Zimmer im Haupthaus und 4 Suiten im Nebengebäude. Alle Suiten mit Balkon oder Terrasse.

Typ: gediegen, familiär geführtes Landhotel.

♠ Gepflegter Garten, ruhige Lage, charmantes Interieur.

Preise: moderat – von 83 Euro (Zimmer mit großem Bett in der Nebensaison) über 116 Euro (Zimmer mit zwei Betten in der Hauptsaison) bis 130 Euro (Suite in der Hochsaison). Zusatzbetten für 18 Euro möglich. Das üppige Frühstücksbuffet pro Person 14 Euro.

Historisch und bunt: Benoît Wach, Sélestat

Café & Kuchen in Sélestat und Barr

Salon de Thé BENOÎT WACH – Sélestat. Ein idealer Treff nach dem großen Markt am Dienstagvormittag – den Sie sowieso nicht verpassen sollten (siehe Seite 255). Ebenfalls beachtlich: die unversehrte Altstadt von Sélestat, deren Plätze und Kirchen – wie ein Leser meint – mehr Beachtung in unserem Führer verdient hätten, welche hiermit eingeräumt wird. Danke nach Freiburg! Aber nun ins Cafe mit der auffallenden Wandmalerei im Zentrum der Altstadt. Die Patisserie ist ausgezeichnet, Oase-Kuchenexpertin Marion Jentzsch empfiehlt ganz besonders die selten gelungenen *Savarins*, serviert mit einem großzügigen Tuff frischer Sahne. Außerdem noch die *Fôret noire*, eine französische Variante der Schwarzwälder Kirschtorte. Sehr gut auch die Schokoladen und Pralinen und das Eis – samt und sonders aus eigener Herstellung.

Salon de Thé Benoît Wach, 7, rue des Chevaliers, 67600 Sélestat
Tel. 0033 (0)3.88.92.12.80, Di bis So 7.30 – 19 Uhr.

Hohes Fachwerk, flache Kuchen: Patisserie J. Oster, Barr

Salon de Thé J. OSTER – Barr. Noch so ein hübscher Marktflecken, der in der Liga der pittoresken Fachwerkdörfer oben mitspielen kann, noch dazu unterhalb der Burg Haut-Barr gelegen, welche wiederum das „Auge des Elsass" genannt wird. Alles klar soweit? Die reich dekorierte Pâtisserie mitten im Ortskern könnte nicht besser in's tatsächlich malerische Gesamtbild passen. Wer nur guten Kuchen essen möchte, ist hier genau richtig: es warten wunderbare tartes, etwa die flachbödigen Obstkuchen oder petits gateaux, wie éclairs, savarins oder mille feuilles (mit Vanillecreme gefüllte Blätterteigschnitten). Das lohnt einen Umweg – davor oder danach unbedingt einen Spaziergang durchs Städtle einplanen, vielleicht noch rauf auf die Burg. So, jetzt sind Sie genug angefüttert. Bleibt nur noch die Empfehlung unseres neuen *Café & Kuchen* Führers von Marion Jentzsch, dem diese Leckerei dankend entnommen wurde (vgl. auch den Hinweis am Buchende).

Salon de Thé Jacky Oster, 31, Rue du collège, 67140 Barr, Tel. 0033 (0)3.88.08.92.49, Mo bis Fr 8-19 Uhr; Sa und So 8-18 Uhr.

Kehl – Straßburg

Über die Brück in den Eurodistrikt – Viele Leser werden via Kehl nach Straßburg kommen. Das Jahr 2004 bescherte Kehl und Straßburg eine binationale Gartenschau, kofi-

Kollisionsrisiko für Vögel aller Art, Mimram Brücke

nanziert, Eurodistrikt, Fördergebiet; 2009 wurde es beim Natogipfel noch bunter und seither sieht es gleich hinter der Brück' aus wie, ja wie eigentlich? Somalia?

Straßburg

Straßburg ohne Stress: Also keine Fachwerkorgien, lieber mal durch die Innenstadt streunen, einkaufen, einkehren. Wenn's grad paßt, übernacht bleiben.

Unter den großen Städten am Oberrhein ist Straßburg die vitalste. Durch Colmar tingelt ein Touristenbähnle, durch Straßburg fährt die Straßenbahn, schnittig im TGV-Stil. Also nicht so gutmenschenhaft wie in Freiburg, wo mit jedem neuen Gleiskilometer ein Beitrag zur Schließung des Ozonloch geleistet wird. In Straßburg fährt die Straßenbahn ohne ideologischen Überbau.

Die Stadt hat was von der Gelassenheit großer Städte. Da können sich die Touristen (es sind viele und sie sind immerdar) noch so durch die Fachwerkviertel schieben, Straßburg bleibt davon vergleichsweise unbeeindruckt, was sicher an einer Art langjährigem Ehepaareffekt liegt. Der andere ist einfach da und so schont man sich im Rahmen der Möglichkeiten.

Sicher wäre die eine oder andere Winstub ohne Dauertourismus schon längst zu, was kein Verlust wäre. Ähnliches gilt für die unzähligen Trommel-Leder-Ethno-Einwegmodeläden, die wie Wegerich aus allen Ritzen sprießen, an denen Fremde vorüberziehen.

Und wahrscheinlich gäbe es ohne all die Fachwerkidylle auch keine Gastronomie rund um den Münsterplatz, die so inszeniert wirkt, wie man sich zwischen Düsseldorf und Mailand das Elsass eben so vorstellt: Als Nostalgieshow mit durchgehend warmer Küche.

Feinkost und Krawatten: im goldenen Viertel

Einkaufen in Straßburg

Ohne Europarat und angeschlossenem Hofstaat wäre vermutlich das eine oder andere Spesen- und Sternelokal obsolet. Der EU-Wanderzirkus – mit eigener Aktenspedition, kein Witz – findet während der Sitzungszeit immerhin viermal im Monat nach Straßburg. Man darf vermuten, daß schon ein einziger monatlicher Konvent genügen würde, um die paneuropäische Infrastruktur Straßburgs aufrechtzuerhalten. Andererseits sind es gerade auch die Gaukler, die für eine Weltsättigung der Stadt sorgen, die selten ist am Oberrhein. Allenfalls Basel kann da mithalten, aber ganz anders, auf Basler Art, zurückhaltend bis zum Exzeß. Aber das nur am Rande.

Eigentlich fehlt Straßburg nur eines: ein repräsentativer Platz, der zur Bedeutung der Stadt paßt. Was der zentralen Place Kléber mit der in Frankreich grassierenden Zwangsverhübschung angetan wurde, spricht für sich – und die anderen

Gut sortiert: Hèrmes in Strasbourg

Plätze sind klein und im besten Fall ganz nett. Also nicht lange danach suchen, die Stadt hat anderes zu bieten: zum Einkaufen fahren viele Menschen nach Straßburg rein und nicht aus der Stadt raus. Selbst im Schatten der Münstertürme, auf dem rundgelaufenen Pflaster im Carré d'Or, konnten sich Fachgeschäfte halten. Nur ein paar Schritte weiter Spezialsortimente zur Auffrischung der Bestände, sei es weißes Porzellan, ein Kaschmir-Twinset oder ein Label-Klassiker.

Zwischen dem weltweit vertriebenen Livestyleschrott und dem ebenfalls weltweit vertriebenen Rangabzeichen von Hèrmes bis Prada (die in Straßburg besonders umfangreich angeboten werden), findet man hier immer wieder das Besondere. Eine kleine Auswahl, um die Konsumlaune etwas anzustacheln, der Rest ergibt sich dann ja erfahrungsgemäß en passant. Zu beachten: Viele Läden haben am Montagvormittag geschlossen.

EDOUARD ARTZNER
PÂTÉS DE FOIE GRAS
STRASBOURG

In der Freßgass, Strasbourg, Carré d'Or

CARRÉ D'HÈRMES: Hohe Konzentration internationaler Modelabels – in und um die Rue de la Mésange (wenige Meter nordöstlich Place Kléber).

■ Die Straßburger Hèrmes-Filiale bietet das größte Sortiment im Südwesten (bedeutend größer als etwa in Stuttgart, Basel oder gar Mulhouse): 2 Rue de Mésange. Tel. 0033-(0)388-32 39 91.

CARRÉ D'OR: Das Goldene Viertel wird gebildet von Fußgängergassen zwischen Münsterturm, Place Gutenberg und Place Kléber – es bietet allein schon in der populären Rue d'Orfèvre eine Ballung interessanter Möglichkeiten zu Themen von Kulinarik bis (Herren-)Konfektion:

■ **Fromagerie Lorho** – Die Fromagerie von Cyrille und Christelle *Lorho*, ein grade mal garagengroßer Verkaufsraum, aber eine Welt für sich. Käse bis unter die Decke, auf klimatisierten Regalen im klimatisierten Laden. Für Käseliebhaber ein Muß. 3, Rue des Orfèvres. Tel. 0033-(0)388-32 71 20.

Die Freßgass im Goldenen Viertel: rue des Orfèvres

■ **Patisserie Naegel** – feine Patisserie in der ohnehin feinen Gass' im Carré d'Or, alles hausgemacht, auch Pralinen, mit kleinem Stehcafé. 9, Rue des Orfèvres. Tel. 0033-(0)388-32 82 86.

■ **Boucherie Frick Lutz** – Das Sortiment einer Innenstadt-Metzgerei sagt mitunter mehr über das soziale Gefüge einer Stadt als zehn kluge Studien. Bei Frick-Lutz stehen die Fleischermeister in Hemd und Krawatte hinter dem Tresen, die Auslagen sprechen für sich. Nicht 20 Sorten Brühwurst, sondern von allem das Beste. Allein, wie die Einkäufe dort verpackt, verschnürt und verknotet werden, lohnt den Kauf eines Bresse-Huhnes. Das Haus gehört zum Straßburger Traiteur-Imperium *Jean Paul Kirn*. 16, Rue des Orfèvres, Tel. 0033-(0)388-32 60 60.

Eric Bompard, Cachemire

In der Rue des Juifs (die im Nordosten, direkt hinter der Kathedrale beginnt) und in angrenzenden Gassen weitere Bekleidungs- und Modegeschäfte mit ausgesuchtem bis ausgefallenem Sortiment:

- **Eric Bompard, Cachemire** – Mit gut 20 Filialen gehört Bompard zu den namhaften Anbietern von klassischen bis modischen Cashmere-Strickwaren für Damen und Herren. In Frankreich ein Begriff, hierzulande bislang nur in Berlin, Düsseldorf, Hamburg und München vertreten. Überlegene Sortimentsbreite, wunderschöne, modische und klassische Farben. Da es sich bei den Teilen nicht um Eintagsfliegen handelt, kann Fehlendes nachbestellt werden, vergleichsweise anständige Preise. Sehr freundliche Verkäuferinnen.

Eric Bompard, Cachemire, 22, Rue des Juifs. Tel. 0033-(0)388-242097, www.eric-bompard.com. Mo-vormittag geschlossen, Di-Fr 10.30 - 13 und 14 - 19 Uhr, Sa 10.30 - 19 Uhr.

 Revier für Cachemire&Co: Rue des Juifs

RezoH

Schuhwerk zum Wandern, Jagen und Ausgehen: Heschung Gallery

■ **Heschung Gallery:** Damen- und Herrenschuhe. *Heschung*, 1934 im Elsaß als Werkstatt gegründet, war ursprünglich spezialisiert auf robuste Strapaz-Schuhe zum Wandern und Jagen, zwiegenäht, wasserbeständig und schier unverwüstlich. Mittlerweile sind die Heschung-Schuhe – bei gleichbleibender hoher Qualität – deutlich eleganter geworden, damit auch interessant für jene Damen, die nicht täglich zur Jagd gehen! Unter manch anderem gibt es von Heschung wirklich traumhafte, handwerklich gemachte, rahmengenähte Stiefel (hohe und halbhohe); aber auch lässige Loafer und Halbschuhe. Die meisten Modelle sind wie ehedem zwiegenäht, selbst die Damenschuhe – was ja sonst eher eine Ausnahme ist. (Das Loblied auf die Heschung-Verarbeitung, von der Schnüröse bis zur Gelenkfeder, singt auch: manufaktum.de). Der Wermuthstropfen: Die Heschung-Modelle sind allesamt nur für relativ schmale Füße geeignet. Das feine Leder dehnt sich zwar, für breite Füße aber oft nicht genug. Kein Grund für Komplexe – ein Freiburger Schuhverkäufer, der die Heschung-

modelle führt, kann davon ein Lied singen: sie machen einen schlanken Fuß, passen aber nicht jedem und jeder.

Im eleganten, kleinen Straßburger Laden von Heschung ist nur eine Auswahl des großen Gesamtsortiments zu sehen, mehr Auswahl im Fabrikverkauf in Dettwiller 40 km von Strasbourg (vgl. unten). Außerdem werden hier wie dort noch einige Marken-Klassiker wie Churchs und Schuhe von Santoni und Paul Smith angeboten.

Heschung Gallery (Caroline Seybel)
11, Rue Du Chaudron (gegenüber Chez Yvonne und Burjerstüwel), Tel. 0033-(0)3.88.32.80.

■ Der großzügige **Heschung-Fabrikverkauf** befindet sich ca. 40 km nordöstlich von Straßburg in Dettwiller, nahe der Heschung-Produktion. Dort ein umfangreiches Damen- und Herrensortiment zu reduzierten Fabrikpreisen (ca. 30-50 % vom Ladenpreis); zusätzlich zweimal im Jahr (ab ca. Mitte Dez. und Mitte Juni) Aktionsverkauf, bei dem die reduzierte Ware nochmals um weitere 30 % ermäßigt wird: F-67490 Dettwiller, Route de Saverne, Tel. 0033-(0)3.88.71.99.96, www.heschung.com. Öffnungszeiten: Di bis Fr 9.00-12.00 und 13.30-18.00 Uhr, Sa 9.00-18.00 Uhr. Sehr freundliche Verkäuferinnen. (Vgl. S. 283)

Alles glänzt frisch: La Poissonnerie du Centre

■ **La Poissonnerie Du Centre – La seule poissonnerie indépendante de Strasbourg.** Seit ein paar Jahren gibt es in Straßburgs Innenstadt wieder eine interessante Fischhandlung. Sie liegt günstig, aber etwas versteckt am Rande des Feinkaufviertels Carré d' Or in der Altstadt, unweit der Rue des Juifs. Optisch ein schlichter, abwaschbarer Laden, substanziell ein bemerkenswertes Angebot, das täglich direkt aus der Bretagne kommt (die Wildfänge wieder mit „sauvage" gekennzeichnet). Auf den Märkten ist das Angebot nicht günstiger und die Qualität ist hier mindestens so gut. Außerdem täglich ein kleines Mittagsgericht zum Mitnehmen.

→ **La Poissonnerie Du Centre**, 2, Rue du Sanglier (bei der Heschung Gallery um die Ecke), www.poissonnerieducentre.fr, Tel. 0033-(0)3.88.32.33.33.

Weiß und klassisch – Les Porcelaines

■ **Les Porcelaines** – „Spécialisé en Porcelaines Blanches" steht über dem Laden und damit ist fast schon Alles gesagt. Weißes Porzellan ohne Dekor in riesiger Auswahl zu anständigen Preisen. 22, rue de la Division Leclerc (Altstadt, nahe Pont St. Nicolas), Tel. 0033-(0)3.88.22.20.32.

Kleine Erholungspause im Carré d'or

→ *Place du Marché Gayot.* Wenige Schritte vom Münster ein idealer Sitzplatz für einen café oder ein bière à pression. Autofrei, mit hübschem Fachwerk, Kopfsteinpflaster und kleinen Restaurants mit Multi-Kulti-Angebot. Essen muß aber nicht sein.

→ *La Table de Cristophe.* Bei aufkommendem Hunger empfehlen wir das kleine Bistro von Christophe und Angèles (siehe unten, nicht weit von der Place du Marché Gayot und nur ein paar Häuser vom Cachemireladen Bompard entfernt).

Im historischen Zentrum: hohe Weinstubendichte

Teestuben, Restaurants und Brasserien

Eine Fahrt nach Straßburg lohnt – trotz touristischer Dauerbelagerung – auch wegen der Gastronomie. Die Stadt ist mit ihren überteuerten Renommierhäusern einerseits und den Weinstuben und Fachwerkfallen andererseits sicher kein leichtes Pflaster. Aber die Stubenromantik ist ja nur die eine Seite, wer die Kuschelecken mag, kann es dort versuchen. Adressen, die nach Jahrzehnten unverbraucht daherkommen, sind rar, aber es gibt sie. In der Rue du Chaudron wären mit Le Clou und Chez Yvonne noch gleich zwei Ikonen der Weinstubengastronomie, allerdings glauben nur Optimisten, daß ausgerechnet im Zentrum des touristischen Umtriebs, das ach so unschuldige Stüble wartet. Auch Romantikgastronomie ist hartes Geschäft. Zwischen Luxusklasse und Holzbankcharme gibt es aber genug gute Adressen ohne Elsässer Schmäh. (Zu beachten: fast alle Weinstuben haben am Sonntag geschlossen). Ein paar Anregungen:

Salon de thé/Traiteur WINTER – **Strasbourg.** Das Café Winter ist eine Straßburger Institution: Traditionscafé und Restaurant, 1932 gegründet und heute in dritter Generation geführt. Das Café in einem typisch elsässischen Haus aus dem 15. Jahrhundert liegt im Stadtzentrum schräg gegenüber vom Kaufhaus Lafayette. Unsere Kuchenexpertin Marion Jenztsch empfiehlt unter anderem den Himbeerkuchen mit dünnem Blätterteigboden – natürlich mit Sahne (chantilly). Eine angenehme Abwechslung zum deutschen Himbeerkuchen mit dem obligatorisch hohen Biskuitboden. Empfehlenswert auch die Tarte de pommes viennoise (Apfelkuchen nach Wiener Art), die zwar üppig, aber geschmacklich sehr gelungen ist. Selbst eine einfache Schneckennudel schmeckt hier selten gut (Foto unten). Bereits um elf, halb zwölf wird dann für den lebhaften Mittagsbetrieb eingedeckt. Das süße Frühstücksangebot hat uns aber eindeutig besser gefallen.

Patissier, Chocolatier, Traiteur Winter (Inh. Georges Winter)
25, rue du 22 Novembre, 67000 Strasbourg, Tel. 0033- (0)3 88 32 85 40, www.patisserie-winter.com.

Öffnungszeiten: Von Mo bis Sa 8 bis 19 Uhr durchgehend. Mittagstisch Mo bis Sa von 11.00 bis 15.30 Uhr.

Preise: moderat.

Petit Frühstück bei Winter, Strasbourg

Klein, diskret, brauchbar: La Table de Christophe, Strasbourg

LA TABLE DE CHRISTOPHE – Strasbourg-Altstadt. Bei hohen Sommertemperaturen ganz entspannt drinnen sitzen und ein Thunfischcarpaccio mit einem kühlen Glas Riesling bestellen – das hat was. In der engen rue des Juifs nur ein paar Schritte von der Kathedrale ist kein Platz für eine Terrasse oder Tischchen auf dem Gehsteig. Die Table de Christophe bleibt so vom banalen Sommergassenbetrieb unberührt. Ein Herr am Fenster liest Zeitung, der Gast in der Mitte freut sich über das saftige Onglet und die vierköpfige Familie mit den zwei kleinen Kindern diskutiert das Angebot der Tageskarte im Flüsterton. Das Carpaccio vom weißen Thun war ausgezeichnet – und auf der Tafel stehen fünf weitere ansprechende Gerichte, jedes für sich eine Option (von acht bis 16,80 Euro). Am besten außerhalb der Sitzungsperiode des Europaparlaments reinschmecken, das kleine Bistro von Christophe und Angèles ist nämlich eine Adresse, die auch die Parlamentarier zwischen ihren Sitzungen schätzen.

Weißer Thun an Riesling: La Table de Christophe, Strasbourg

La Table de Christophe
28, rue des Juifs. 67000 Strasbourg
Tel. 0033-(0)3.88.24.63.27.
www.tabledechristophe.com
Öffnungszeiten: Täglich außer Sonntag und Moabend.
Parkhäuser: Gutenberg, Broglie
Faire Preise (Mittagsmenu um 12 Euro, plat du jour 9 Euro).

Die Trüffelkathedrale: Christian, Strasbourg

Chocolatier/Salon de thé CHRISTIAN. Mehr Schokolade war nie! So langsam übertreiben es die Chocolatiers mit dem Schokodesign; auch in Strasbourg. So fordert Christian in seinen zwei Flagstores – der eine vor dem Portal der Kathedrale – für seine XL-Whisky-Trüffel: satte 2,80 Euro pro Stück. Aber sie schmecken halt verdammt gut. Durchschnitt ist hier nicht, das zeigt sich auch an der exaltierten Ausstattung der Räume in beiden Geschäften. Darüber ließe sich noch streiten, über die Qualität der Ware aber nicht: neben besagten Trüffeln gibt es täglich eine große Auswahl frisch hergestellter Pâtisserie, darunter vorzügliches Frühstücksgebäck (croissants, brioches, pains au chocolat, kougelhopfs etc.). Auch die petits gateaux und die tartes sind sehr gelungen und für gut befunden, auch von unserer Kuchenexpertin (s. Buchende). Über Mittag werden Kleinigkeiten (Salate, Geflügel- und Fischgerichte, Gemüse) serviert.

Christian gibt es in Straßburg seit 40 Jahren. Heute betreiben die Geschwister Meyer zwei Geschäfte bzw. Salons de

High end Süßwaren: Petits gateaux, Christian, Strasbourg

Thé. Das Hauptgeschäft mit Fabrikationsstätte liegt inmitten des Gassengewirrs in der Rue de l'Outre, einige Schritte von der Place Kléber entfernt – unmittelbar neben dem Crocodile von Emile Jung. Das andere in der Rue Mercière, die direkt auf das Münster hin führt.

→ **Chocolatier/Salon de thé Christian**
12, Rue de l'Outre / 10, Rue Mercière, www.christian.fr
Geöffnet: Täglich von 7.30 bis 18.00 Uhr; So RT.
Typ: gestylter Teesalon mit hochwertigem Angebot. Mittagstisch.
Preise: hoch.

■ **Thierry Mulhaupt** – Der Alpha-Chocolatier von Straßburg, einst bester Nachwuchs-Pâtissier von Frankreich ist ebenfalls mit zwei Geschäften in der Stadt vertreten – feinste Pralinen, Trüffel und eigene Schokoladen werden mit schier philosophischen Degustationsanweisung (auch auf japanisch!) in einem klinisch-hellen Verkaufsraum angeboten. Außerdem noch verschiedene Gewürze und Gewürzbrote (pains d'épices). Diese schmecken, auf gut deutsch, wie pürierter Lebkuchen kombiniert mit Magenbrot, die Preise sind jedoch superbe. 18, rue du Vieux Marché aux Poissons und 5 rue du Temple Neuf. www.mulhaupt.fr; Di bis Sa 8.45 -12,15 und 13.30-18.30 Uhr.

Gut beladen: Meeresfrüchteboot bei L'Alsace à Table

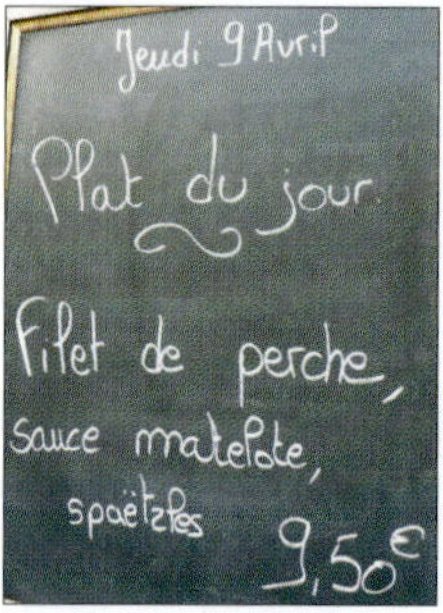

L' ALSACE À TABLE – **Strasbourg.** Die Adresse, wenn es mal wieder etwas Meer sein soll. Das zutreffende Hausmotto lautet: „La Brasserie de la mer à Strasbourg", also: Meeresfrüchteplatten pauschal oder nach eigenem Gusto zusammengestellt; dazu kommen die aktuellen Tagesangebote je nach Marktlage von der Tafel sowie Menüs zum festen Preis (mitunter auch kulinarische Themenwochen von exotisch bis Carpe frite). Von Mo bis Fr wird zudem über mittag ein günstiger Fisch- oder Meeresfrüchteteller (um die 10 Euro) angeboten. Angenehm professioneller, aber nicht überzogener Service, routinierte Brasserie-Atmosphäre, die überwiegend von gelernten Gästen geschätzt wird. Das schöne an solchen Adressen ist ja auch, daß hier nicht neurotisch den Sternen oder Punkten hinterhergekocht wird, vielmehr gibt es zuverlässige Standards mit

Feine Kajüte: La Cambuse

frischen Produkten. Serviert wird auf zwei Stockwerken, Parterre, gleich neben dem Eingang, wirkt der fleißige Austernöffner im roten Kittel und schon beim Eintreten fühlt man sich gut aufgehoben. Für Fisch- und Meeresfrüchtefreunde eine sichere Bank in der Innenstadt.

L'Alsace à Table, Rue des Francs-Bourgeois 8, 67000 Strasbourg, Tel. 0033-(0)3.88.32.50.62. www.alsace-atable-fr
Täglich von 12-14.30 und 19-23 Uhr.
Typ: Beliebtes und bewährtes Meeresfrüchte- und Fischlokal im traditionellen Brasseriestil
Preise: mittel.

Das Haus gehört zum Gastro-Imperium von *Guy-Pierre Baumann* (Maison Kammerzell, Hotel Beaucour), zusammen mit dem empfehlenswerten Hotel Beaucour ist ein Essen auch als günstiges Wochenendarrangement buchbar – fast schon ein Wochenendprogramm.

LA CAMBUSE – **Strasbourg.** Ein diskretes Fischlokal, seit über 15 Jahren bewährt, und nach wie vor taufrisch. Schon deshalb würde eine Fahrt an die Ill lohnen. *La Cambuse* ist aber kein Geheimtip. Die feine Kajüte, innen mit gerade mal sechs,

Perfekt für Fisch und Meerefrüchte – La Cambuse

sieben Tischen, gehört mit der präzisen und seit Jahr und Tag zuverlässigen Fischküche zum kulinarischen Inventar der Stadt. Seit jeher gibt es nur eine kleine Karte mit vier, fünf Vorspeisen, ebensovielen Hauptgerichten, und dann noch etwas Aktuelles nach Ansage. Serviert werden ausschließlich Fischgerichte, diese aber so exakt gegart und von Babette (Elisabeth Lefèbvre) mit asiatischer Hand zubereitet, wie nirgendwo in der Stadt. Keine schweren Sahnesaucen, keine Blätterteighäubchen, kein bemühter Dialog an und von, stattdessen frische Ware auf den Punkt zubereitet (u.a.: geangelter Wolfsbarsch, Gambas, Schwertfisch, als Beilage asiatischer Duftreis). Inhabergeführt vom Ehepaar Lefèbvre, effektiver Service ohne Oberkellnerallüre, entspannte Stimmung.

La Cambuse (Elisabeth Lefèbvre), Rue des Dentelles (Altstadt, Petite France), Tel. 0033-(0)388-22 10 22.

RT: So und Mo. Abends Küche in der Regel bis nach 22 Uhr (unbedingt reservieren).

Typ: Gepflegtes Fischlokal mit intimer Stimmung.

Preise: gehoben.

Gepflegt, aber nicht ganz umsonst: Brasserie Le Pont des Vosges

- *La Mauresse*, die zentrale Adresse für Fisch- und Meeresfrüchte in der Rue du Vieux Marché aux Poissons (siehe 6. Auflage) ist nicht mehr – jetzt wird hier Guinness ausgeschenkt.

LE PONT DES VOSGES – **Strasbourg.** Lebhaft-elegante Brasserie am Rand der Altstadt und schon außerhalb des Touristenrummels. Geboten wird eine handwerklich aufrichtige, also eher seltene Küche, die hier (nahe der Behörden) freilich selbstbewußt kalkuliert wird. Schon das Baguette liefert einen ersten Hinweis auf den Qualitätsbegriff im Haus. Auf der Standardkarte auch Vorspeisen, die als halbe Portion angeboten werden, etwa ein Presskopf von Lachs und Lotte, dazu Klassiker vom Lammcarré bis Entrecôte. Zudem wird eine wechselnde Tageskarte aufgelegt, etwa mit mariniertem Gemüse aus der Normandie, Hase nach Großmutter Art oder ein Kalbsblankett, im schweren Gusseisengeschirr serviert und so zart, daß es mit dem Löffel zerteilt werden könnte.

Mehr als ein Flammkuchenziel: Au Coucou des Bois, Strasbourg

Dazu passen der gelernte Service und die gediegene Stimmung. Alles in allem sicher keine Revolution, aber kulinarisch reformiertes Elsass. Mittags Bürgertum und einige Gäste aus den Behörden in der Umgebung, abends Küche bis 24 Uhr, kleine Terrasse zur belebten Avenue des Vosges.

Le Pont des Vosges, 15, Quai Koch/Ecke Av. des Vosges (wenig nordöstl. der Altstadt). Tel. 0033-(0)388-36 47 75.

Typ: Gepflegter Pariser Brasseriestil, gute Küche, fortgeschrittenes Publikum. ♣ Kleine Terrasse zur Straße.

Preise: gehoben (Vorspeisen ab 10, Hauptgerichte ab 20 Euro), RT: So.

AU COUCOU DES BOIS – **Strasbourg.** Eine stattliche historische Liegenschaft vom Anfang des Jahrhunderts in einem Straßburger Randgebiet. Beeindruckend ist hier schon mal die Kapazität: In fünf Räumen auf zwei Etagen ist Platz für rund 250 Gäste, serviert wird auch im Wintergarten, sommers natürlich auch im großen Innenhof. Und alles geht fix – der Service agiert auffallend effizient! Die täglich wechselnden

Gut, dünn, knusprig: Flammkuchen im Coucou des Bois, Strasbourg

Plats du jour um 8 Euro sind am späteren Mittag regelmäßig ausverkauft. Aber auch auf der kleinen Karte finden sich immer noch interessante Alternativen. Die endlich mal richtig guten, dünnen und knusprig-heißen Flammkuchen – 14 Sorten salzige und 5 Sorten süß – gibt's leider erst abends. Wieder ein Beispiel dafür, daß ein Laden brummt, wenn das Konzept rundum stimmt: Ein ebenso beliebter wie unkomplizierter Treffpunkt, Geschäftsleute und Familien mittags und abends. Viele Stammgäste.

Rest. Au Coucou des Bois, 44, Allée David Goldschmidt, 67100 Strasbourg. Unbedingt reservieren: Tel. 03.88.39.76.19. www.lecoucoudesbois.com.

RT: Kein RT, Sa-mittag geschlossen.

Typ: großvolumige Brasserie mit guter Küche, selten großes Flammkuchenangebot (leider nur abends!)

♣ Großer Innenhof.

Preise: günstig - mittel. Tägl. wechselnde plats du jour um 8 Euro.

Anfahrt: A 5, Ausfahrt Offenburg, dann auf der L98 nach Frankreich, dann weiter auf der N353; am Kreisverkehr Richtung Neuhof/Strasbourg. Bei Rue de la Rochelle rechts abbiegen. Ausreichend Parkplätze.

Mit Kathedralenblick: Hotel Gutenberg

Über Nacht

Mit dem charmanten, womöglich noch preiswerten Hotel ist das so eine Sache. Keines, das bedingungslos zu empfehlen wäre. Wer viel Geld für eine mittelmäßige Unterkunft, oder sehr viel Geld für ein eben gutes Hotel ausgeben möchte, kann sich an die üblichen Michelin-Adressen halten – wenn der Hofstaat der EU tagt, herrscht allerdings akuter Zimmermangel.

Hotel GUTENBERG – **Strasbourg/Altstadt.** Wer mitten in der Stadt bleiben möchte und mit Zweisterne-Mittelklasse zufrieden ist, findet im *Hotel Gutenberg* in einem klassischen Gebäude aus dem 18. Jh. eine Adresse, die bei sozialverträglichem Preis alles bietet, was es für eine Nacht braucht. Bett, Dach und Dusche, von einigen Zimmern der oberen Stockwerke sogar noch Blick auf Gassen und Münster. Französische Handlungsreisende und Kleingewerbler, die hier gerne und praktisch unterkommen, sehen das auch so.

Romantik nahe Ill und Kathedrale: Hotel Beaucour

Hotel Gutenberg
31, Rue des Serruriers (unweit der Kathedrale, zentral in der Altstadt gelegen), 67000 Strasbourg, Tel. 0033-(0)388-32 17 15, www.hotel-gutenberg.com

Typ: gediegenes 42 Zimmer-Hotel hinter historischer Fassade, viele Stammgäste, wenig Touristen.

Preise: mittel (DZ 70 bis 120 Euro).

Hotel BEAUCOUR – **Strasbourg Altstadt.** Das sommers üppig geschmückte Haus am Rand der Altstadt gehört zur Gruppe der Romantik-Hotels. Viele Zimmer der drei entkernten und renovierten Fachwerkgebäude (einer ehemaligen Gehstock- und Regenschirmmanufaktur aus dem 18. Jh.) gehen auf einen engen, etwas dunklen aber recht ruhigen Innenhof. Die zentrale Lage nur fünf Minuten von der Straßburger Kathedrale entfernt ist ideal für Touren in die Innenstadt. Das Hotel bietet günstige Wochenendarrangements, auch zusammen mit Mahlzeiten in den Restaurants, die zur Gruppe von Guy-

Freundliches low Budget-Haus, Hotel Suisse

Pierre Baumann gehören: Maison Kammerzell und L'Alsace à table (vgl. dort).

Romantik Hôtel Beaucour
5, rue des bouchers / 5, rue des boeufs, 67000 Strasbourg
Tel. 0033-(0)3 88 76 72 00, www.maison-kammerzell.com

Typ: zentral und recht ruhig gelegenes Stadthotel (49 Zimmer) mit Klimaanlage.

Preise: gehoben (DZ um 140 Euro, Suiten um 190 Euro, günstige Wochenendarrangements).

Parkhaus Austerlitz gegenüber vom Hotel.

Hotel SUISSE – Strasbourg Altstadt. Ein kleines sympathisches Hotel, zentral nahe der Cathédrale, der Place du Palais Rohan um die Ecke. Das Haus wird von zwei freundlichen Damen geführt. Unterschiedlich große Zimmer, teils mit Blick auf die Kathedrale. Gemütlicher Frühstücksraum. Gleich nebenan ein kleines Bistro mit Terrasse. Viel mehr braucht man eigentlich nicht.

Hotel Suisse, 2-4 rue de la Râpe, 67000 Strasbourg
Tel. 0033-(0)3.88.35.22.11, www.hotel-suisse.com.
Typ: Beliebtes kleines Stadthotel (25 Zimmer) in Münsternähe. ♣ Ein paar Tischchen vor dem Eingang.
Preise: mittel (DZ 70-100 Euro.
Parkhaus Bateliers (200 m entfernt)

13 Fermes Auberges

DICHTUNG & WAHRHEIT. Seit fast 100 Jahren gibt es in den Vogesen spezielle Bergbauernhöfe mit typischen Gerichten rund um Münsterkäse, Selbstgeschlachtetes und Eigenprodukte. Mittlerweile sind es knapp 70 Höfe, die Gäste bewirten. Jede dieser Ferme hat ihr eigenes Angebot, das der Wirtschaftsweise angepaßt ist – so jedenfalls das vielbemühte Ideal (ähnlich den badischen Straußenwirtschaften). Aber wir leben nun mal in der automobilen Zeit

Am Petit Ballon

und der nächste Hypermarché ist auch von den Vogesen aus keine Tagesreise entfernt. So spiegeln die oft gerühmten Fermes Auberges, wie alle anderen Gastronomietypen auch, die ganze Spannweite menschlichen Strebens, von der Nächstenliebe bis zur Niedertracht. Nach allerlei sehr durchwachsenen Versuchen beschränken wir uns auf eine Auswahl an bewährten Adressen.

Kleines Gedeck: Plat du jour, Ferme Gresson, Dollertal

■ **Repas marcaire.** Zur klassischen Melkermahlzeit, wie sie in vielen Fermen gereicht wird, gehören regionale Spezialitäten wie zum Beispiel: *tourte de la vallée,* eine Fleischpastete. Eine deftige Sache, wenn der Melker kochen kann: mit lockerem Brät in knuspriger Teighülle – wehe, wenn aber, wenn er nicht kochen kann oder wenn die Tourte nur aus der Kühltruhe kommt! Außerdem oft auf Ferme-Karten: *Rauchfleisch, Roigabrageldi,* also Bratkartoffeln von roh angebratenen (angebrägelten) Kartoffeln und der Klassiker *Fleischschnecka,* in Nudelteig gerolltes Hackfleisch. Fast immer gibt es: *munster* (Münsterkäs), *barikas* (Bergkäse) und deftige Elsässer Wurst.

Nach den gesetzlichen Bestimmungen müßte zwar 70% des Ferme-Auberge-Angebotes aus eigenen Produkten stammen, doch es bleibt oft beim frommen Wunsch. Wer schickt schon eine Busgesellschaft nach Haus, weil die eigene Wurst aus ist? Nicht zu übersehen auch, daß einige Fermes dem romantischen „zurück zur Natur"-Trend gehorchend, recht

Mittagsruhe mit Aussicht – auf dem Petit Ballon

dürftige Ware in mehr als schlichter Umgebung anbieten und das Ganze dann als ursprüngliches Erlebnis vermarkten. Ein Misthaufen allein ist noch kein Gütesiegel und nicht jeder Münsterkäse, der auf den Fermen angeboten wird, stammt von glücklichen Kühen, die sich rund ums Jahr von eigenem Gras sattfressen dürfen – die meisten müssen sich, zumindest im Winter, mit Silofutter begnügen.

Fazit: Fermes Auberges gehören zu den robusten Zielen. Der Ring deutscher Busunternehmer (RDB) sieht das ähnlich, deshalb genießen Fermebesucher neben deftiger Hüttenkost auch mal die Gesellschaft des Schützenvereins aus Lüdenscheid. Gratis als Supplement. Wir haben deshalb versucht, ein paar solide, einigermaßen authentische, aber wenig überlaufene Auswege vorzustellen. Anregungen und Warnungen sind jederzeit willkommen!

■ **Das Vogesenbauernhaus** ist – anders als im Schwarzwald – kein eigenständiger Bauernhaustyp. Die fermes sehen im allgemeinen einfach, mitunter auch etwas stillos zusammengestückelt aus. Wellblechdächer, Eternitschindeln, Formsteine… Was da war, wurde verbaut – zweckmäßig, aber nicht überall schön. In der Gegend um Orbey/Pairies (z.B. am Weg zur Ferme Geishoff – hier auch Verkauf von Ferme-Produkten) stehen noch schöne Bauernhöfe mit mächtigen Auffahrten aus Feldsteinbrocken, die fast einer Brücke gleichen.

■ **Milchwirtschaft** – Die kleinwüchsige Vogesenkuh, die den größten Teil des Viehbestands ausmacht, liegt im Ertrag hinter den schweren Turbokühen der Ebene, ist aber ideal an die Bedingungen im Gebirge und an die kalkarmen Granitböden der Vogesen angepaßt. Vergleichbar mit der Hinterwälder-Rasse, die in einzelnen Regionen des Südschwarzwaldes gehalten wird. Einige Vogesenbauern haben ihr Vieh nur während der warmen Jahreszeit auf den Hochweiden, im Winter ganz im Tal.

■ **Urweiden** (*les hautes chaumes, chaumes* = Stoppelfeld, Weide) – auf den runden Gipfeln sind Weiden, die nie von Wald bedeckt waren. Weiden, auf denen eine karge Vegetation (sturmgebeutelte Latschenkiefern, Tännchen, Heidelbeerbüsche und Arnika) überlebt haben, die es in dieser Form nur in der Kammregion der Südvogesen gibt – z.B. entlang dem mächtigen, nach Osten abfallenden Vogesenkamm hoch über dem Weißen und Schwarzen See, zwischen Col de la Schlucht und Col du Bonhomme. Ein alpines Wandergebiet auf 1300 Metern Höhe. Naturschützer beklagen seit Jahren das Verschwinden der Urweiden im Süd-Elsass: „Die Weiden werden einfach von Bauern umgepflügt. Die Hälfte des ehemaligen Bestandes ist wohl schon zerstört“, sorgt sich der Präsident des Naturschutzverbandes Alsace Nature.

Weitere im Buch erwähnte Ferme:

Paradis, Strueth/Sundgau (S. 28)

Nur zu Fuß – Ferme du Gresson, beim Ballon d'Alsace

Dollertal: Isolé et superbe

1 Ferme Auberge DU GRESSON – Oberbruck. Nur zu Fuß. Die Ferme liegt im beliebten Wanderziel Dollertal, zwischen Mulhouse und dem Ballon d'Alsace, zugleich eine der wildesten Ecken der Vogesen. Der Betrieb bleibt zumindest unter der Woche in Grenzen, denn die Ferme ist nur zu Fuß zu erreichen. Ab *Rimbach*, Ortsteil Ermensbach, auf halber Strecke zwischen Masevaux und Ballon d'Alsace. Nach einer Stunde Aufstieg dann, erscheint auf 950 Metern Höhe, „isolé et superbe", eine Ferme wie aus dem Bildband: aussichtsreiche Terrasse, Blick aufs Gresson-Gebiet und Gänsegeschnatter. Salat aus dem eigenen Garten, Kalorien aus dem großen Topf, Käs und Speck vom Brett, Omelette mit Bergkräutern, Rindfleisch mit Kartoffeln. Und die Obsttarte mit dünnem Teig! Auf Bestellung: fleischschnacka vom Gresson-Rind.

20 Minuten weiter liegt der *Neuweiher-See* und 1.30 h entfernt der sehr schöne *Sternsee*, dort kann man im Sommer kalt

baden (was offiziell nicht erlaubt ist) oder die Kiesel tanzen lassen, wogegen die Behörden keine Einwände haben.

Ferme Auberge Du Gresson (Mme Geneviève Hirth)
68290 Oberbruck, Tel. 0033-(0)3.89.82.00.21

Lage: 950 m, nur zu Fuß erreichbar, ♣ Panoramaterrasse.

Geöffnet: Ganzjährig. RT: Do, Ferien im Januar. Im Nov. und Dez. nur am Wochenende. Vor der Wanderung unbedingt anrufen, ob geöffnet – auch eine Ferme kann Urlaub machen oder umbauen !

Fermeprodukte: Bergkäse, Butter, Bibalakas.

Essen: casse croûte, eigene Wurst- und Fleischwaren. Auf Bestellung: Fleischschnacka, le Boeuf Gresson und Kartoffeln mit Bergkräuter. **Zwei** charmante Speisesäle (74 Plätze), Terrasse (50 Plätze).

Schlafen: Acht ordentliche 2er-/6er Zimmer und zwei sehr einfache Schlafsäle für insg. 30 Personen – nur für anspruchslose Gäste. Im Sommer an Wochenenden oft Monate im Voraus ausgebucht! Hunde sind im Speisesaal und in den Zimmern nicht erlaubt.

Hinkommen (zum Wanderausgangspunkt): Von Masevaux im Dollertal, D 466 bis Oberbruck (hier beginnt der bequemere Wanderweg auf die Ferme, der dauert allerdings beinahe eine halbe Stunde länger als der Weg ab Ermensbach und folgt anfangs der langweiligen Staubstraße). In Oberbruck nach rechts Richtung Rimbach, dann links zum Ortsteil Ermensbach. Auf dem großen ausgeschilderten Parkplatz gleich am unteren Ortsbeginn das Auto abstellen – im Ort herrscht generell Parkverbot.

➲ **Wanderung von Ermensbach auf die Ferme du Gresson:** Am oberen Dorfende von Ermensbach (560 m) führt ein ausgeschilderter Pfad links über den Neuweiherbach in den Wald. Ab hier dem blauen Dreieck folgen. Zu Beginn führt der Weg im ausgetrockneten grobsteinigen Bachbett durch den Wald steil bergauf, dann wirds bequemer – ein Stück weit auf einer Staubstraße. Am Anfang des Naturschutzgebiets Gresson wird eine sehr schöne Weide überquert: die Heimat der schwarzgefleckten geländegängigen kleinen Vogesenkühe. Auf breitem Waldweg geht's weiter in Richtung Neuweiher. Zum Schluß biegt ein schmaler, steiler Pfad links ab zur Ferme hinauf – geradeaus geht's zum Sternsee und Ferme Auberge Neuweiher weiter. Wanderzeit Ermensbach-Ferme Gresson: 1 h.

➲ **Wanderungen ab Ferme:** Lac de Neuweiher (15 min); Sternsee (1½ h); Lac d'Alfeld (1 h); Ballon d'Alsace (2h30)

Saulcy
Ban-de-Laveline
Entre-deux-Eaux
Verpelliére
St. Léonard
Mandray
La Croix-a.-M.
Route des Crêtes
Vanemont
Meurthe
Anould
Fraize
le Brézouard
1228
Courcieux
Bellegoutte
Plainfaing
le-Bonhomme
415
Fréland
Gerbépal
Lapoutroie
Sachemont
Orbey
Rocher
Belmont
1272
Pairis
le Grd. Valtin
le Valtin
les-Trois-Epis
Xonrupt-Longemer
Lac du Forlet
Zimmerbach
Lac de Longemer
Soultzeren
Hohrodberg
Col de la Schlucht
Walbach
Whir-a.-V.
417
Hohneck
1362
Munster
Gunsbach
Griesbach
Soultzbach
Muhlbach
Luttenbach
Eschbach
1346
4
la-Bresse
Metzeral
Route des Crêtes
Wasserbourg
Sondernach
Petit Ballon
1267
Wildenstein
Wintzfelden
Klientzkopf
1329
Grand Ventron
1204
Linthal
Sengern
Lautenbach
Lauch
Kruth
Buhl
le Markstein
Murbach
Guebwiller
Grand Ballon
1424
Oderen
Rimbach
Fellering
Rimbachzell
Urbes
Ranspach
Geishouse
Jungholtz
66
Husseren-W.
Goldbach
St. Amarin
3
Mollau
Wuenheim
Moosch
2
Hartmannswiller
Vogesen
Willer-s-Thur
Viell Armand
(Hartmannswillerkopf)
Rimbach
Wattwiller
Bitschwiller
Rossberg
1191
Uffholtz
Sewen
Oberbruck
Thann

Route des Crêtes

Traum, Alptraum – je nachdem. Die schönste Kammstraße der Vogesen kann an einem sonnigen Sommerwochenende zum Kolonnenfahrt werden. An klaren Tagen weite Sicht bis zu den schneebedeckten Schweizer Alpen.

Als touristische Rennstrecke war die Route des Crêtes ursprünglich nicht geplant. Während des ersten Weltkrieges 1914-18 wurde sie für den Nachschub an die Front gebaut. Deshalb auch der über weite Strecken aussichtsfeindliche Verlauf, geschützt gen Osten, meist auf der westlichen Kammseite der Vogesen. Erst 1928 wurde die Straße dann für den privaten Automobilverkehr hergerichtet. Zwischen November und April ist ein Teil der Straße gesperrt, denn die Trasse verläuft durchweg auf Höhen über 1.000 Metern.

Die Route führt von (S-N) *Cernay* über den *Hartmannsweilerkopf,* der im Januar 1915 gestürmt und bis Kriegsende gehalten wurde. Hier liegt die monumentale, seltsam kühle Kriegsgräberstätte Silberloch, auf der 60.000 Tote ruhen. Veteranen, Busse, Schulklassen und Ausflügler kommen zum betroffenen Verharren (mehr als eine halbe Million Besucher jährlich) – und anschließend zum geselligen Heidelbeerkuchenessen.

→ **Achtung:** Le Comité du Vieil Armand warnt vor Diebstahl – keine Wertsachen im Auto lassen! Glasscherben liegen schon genug auf dem Parkplatz (diese Warnung gilt im übrigen auch für die anderen Wanderparkplätze an der Route des Crêtes!).

Links und rechts der Ausflugsstraße ist Ferme-Auberge-Land, mit Munsterkäs, Speck, karierten Decken und Schichtbetrieb in der Ferienzeit. Daß die interessanteren Fermes etwas weiter im Abseits liegen müssen, ist mit wenig Spürsinn zu ahnen, doch – abgesehen von Wochenenden – lohnt auch hier bei einigen der Besuch. Eine Ferme überragt den Soldatenfriedhof vom Hartmannsweilerkopf:

Truffaut hat's hier gefallen: Ferme Molkenrain, Route des Crêtes

2 Ferme Auberge MOLKENRAIN – **Wattwiller.** Der 1927 entstandene Bergbauernhof auf 1.125 Metern Höhe ist einfach schön. Das sah auch Truffaut so – Szenen des Films „Jules et Jim" mit Jeanne Moreau wurden 1961 hier gedreht. Hüttenromantik gibt's in der liebevoll dekorierten Stube jedenfalls genug, Alphorn und Kuhglocken sind vorhanden. Auf den Weiden ringsum grasen 25 Milchkühe der Vogesenrasse, ein Dutzend Kälber, außerdem gehören noch Schweine, Hasen und Hühner zum Haus.

Serviert wird Deftiges: Fleisch und Käse aus eigener Produktion: Melkerteller (Munster und Bergkäs, Typ Gruyère), Wurstteller, Molkenrainteller – und als Melkermenü: warme Fleischpastete mit crudité, kleiner Käseteller und obendrauf noch ein Nachtisch. Das Fleisch stammt von der Rinderzucht vom Bruder Denis Pfauwadel, der auf der benachbarten Ferme du Lerchenberg Salers-Rinder züchtet. Eine Rasse, die in der Auvergne beheimatet ist, robust und mit schwierigen Klimaverhältnissen vertraut, außerdem bekannt für zartes Fleisch.

Ferme Auberge Molkenrain an der Route des Crêtes

Der Platz am Kachelofen oder an einem der Ecktische im Restaurant ist am schönsten. Bei größeren Gruppen von 6-12 Personen eignet sich der separate kleine Saal ideal. Und bei schönem Wetter wird draußen gevespert, an den langen Tischen mit weiter Sicht ins Tal (langsam wachsen aber die Bäume ins Bild!).

Ferme Auberge Molkenrain (Fam. Pfauwadel), route forestière du Molkenrain, 68700 Wattwiller, Tel. 0033-(0)3.89.81.17.66

Lage: 1.125 m, oberhalb vom Hartmannsweilerkopf

Öffnungszeiten: Ostern bis 11. November, RT: Mo.

♣ Panoramaterrasse, getäfelte Stube mit mächtigem Kachelofen.

Angebot: repas marcaire, Tourtes, Fleischschnackas, Molkenrainteller (Rohschinken, Speck, Münster, Bergkäs) und verschiedene Gerichte vom Salers-Rind (Rumpsteak, Ragout, Boeuf Bourguignon).

Fermeprodukte: Munster, Bergkäs, Fleisch vom Salers-Rind.

Schlafen: 25 Betten in zwei einfachen Schlafräumen.

Anfahrt: Hinter Cernay über Uffholtz oder Wattwiller auf die Kammstraße D 431. Vor dem Hartmannswillerkopf links ab, ausgeschildert. 2 km auf gutem Asphaltsträßchen bergauf.

Zu Fuß: Von Thann aus über den Fernwanderweg GR5 in 3-3,5h.

Belvedere bei Sonnenuntergang, Ferme Freundstein

➲ **Wanderungen ab Ferme:** Hartmannsweilerkopf 30 min, Burgruine Freundstein 1h, Grand Ballon 2h30.

■ **Fest zum Almauftrieb** (Transhumance): letzter Samstag im April.

3 Ferme Auberge FREUNDSTEIN – **Willer-sur-Thur.** Zwischen Hartmannsweilerkopf und Amic-Paß gelegen – nach einer kurzen Passage auf altem Kopfsteinpflaster. Abendsonne bis zum Abkippen. Im Sommer bis gegen 21 Uhr – eine Stimmung, die in den ostgeneigten Vogesen die Ausnahme bleibt! Das Schönste an dieser sehr sehr einfachen Ferme auf 925 m ist somit der Vesperplatz im Freien – mit langen Tischen mit freier Sicht nach Westen, auf den Grand Ballon. Erwarten Sie nicht zu viel von der Küche – ordentlicher Käse und Speck muß genügen. Drei treue Bernhardiner halten die Wacht, der Westen glüht. Eine Zuflucht bei Hochdruck.

Ferme Auberge Freundstein (Fam. Luttringer)
68760 Willer-sur-Thur, Tel. 0033-(0)3.89.82.31.63

Viola tricolor (wilde Stiefmütterchen)

Lage: 925 m, gegenüber Grand Ballon, ♣ Vesperplatz mit Abendsonne.
Öffnungszeiten: Ganzjährig, kein Ruhetag. Keine Übernachtungsmöglichkeit.
Angebot/Fermeprodukte: Repas marcaire, Bergkäse, Speck.

➲ **Wanderungen ab Ferme:** 15 min zur Burgruine Freundstein der Herren von Waldner, der höchstgelegenen Burg der Vogesen (948 m); Hartmannsweilerkopf 30 min; Grand Ballon 2h.

Nur wenig abseits der Route des Crêtes, kurz vor dem Hohneck und knapp fünf Kilometer vor dem Schlucht-Paß, kommt eine Ferme Auberge in Traumlage:

4 Ferme Auberge KASTELBERG – Metzeral. Gute Küche in Panoramalage und dies auf 1.200 Metern über Seehöhe, etwa 2,5 Kilometer von der Kammstraße, mitten in den Weiden gelegen. Vogesenglück ist vor der schlichten Steinfassade auf der langen Bank sitzen, mit Blick zum Kleinen Belchen,

Solide Küche auf 1.200 Metern – Ferme Kastelberg, Route des Crêtes

Rothenbachkopf oder auf das Tal der Große Fecht, mit dem Sackmesser einen Apfel und ein Stück Bergkas verspern (dazu vorzügliche selbstgemachte Butter) – das würde eigentlich schon genügen. Es werden aber auch warme Speisen serviert: zum Beispiel eine Tourte (Blätterteigkuchen gefüllt mit Brät), dazu frischer grüner Salat. Bei Heißhunger kann die Melkermahlzeit noch mit Rauchfleisch und roigabrageldi, Munster oder Bergkas aus eigener Käserei aufgebessert werden. Angebot und Qualität suchen in der weiteren Kammstraßen-Umgebung ihresgleichen!

Vor vier Jahren wurde die Ferme innen komplett renoviert: der montan und gemütlich eingerichtete Saal ist nun ungefähr dreimal so groß wie die ehemalige einfache Stube – aber ebenso wie damals: ohne Kitsch und Firlefanz! Großer Tresen (solvente Kaffeemaschine!), offener Kamin, schlicht weiß gedeckte Tische. Fazit: eine schönstgelegene und gelungen renovierte Ferme Auberge mit der besten Küche weit und breit.

Liegewiese vor der Ferme Auberge Kastelberg

Auberge du Kastelberg (Familie Wehrey)
Route des Crêtes 68380 Metzeral, Tel. 0033-(0)3.89.77.62.25

Lage: 1.165 m (3 km vom Hohneck)

Öffnungszeiten: 15. Mai bis 15. Okt., RT: Mo.

Keine Übernachtungsmöglichkeit.

♣ **Panorama-Terrasse** (Selbstbedienung); moderne großzügige Gasträume, kuhglockenfrei.

Angebot, Fermeprodukte: mittags und abends menu marcaire (Melkermahlzeit), Munster, Bergkäse.

Anfahrt: Von Munster auf der D

417 zum Col de la Schlucht, hinter der Paßhöhe links auf die Route des Crêtes Richtung le Markstein. Gleich hinter der Ferme Auberge du Breitzhousen beim Ausblick auf den Lac de la Lande biegt ein 2,5 km langer ungeteerter Fahrweg nach links den Berg hoch (außerhalb der Saison nicht ausgeschildert).

Zu Fuß: ab Mittlach über den Fischboedlé 2h15. Von Thann aus über den Fernwanderweg GR5 in 3-3,5h.

➲ **Wanderungen ab Ferme:** Hohneck 1h30; Fischboedle-Seen und Spitzkopf 50 min; Col de la Schlucht 2h; Altenweiher 45 min.

KEGELRITZ
ROTHENBRUNNEN
PETIT BALLON
Schoenenklang
Metzeral
Breitenbach
KAHLER WASEN
SCHWENG
MUNSTER

Münstertal – Petit Ballon

Rauhe Höhen: Wanderungen im Gebiet des Kleinen Belchen, wegen der stürmischen Höhen (1.267 m) auch „Kahler Wasen" genannt, haben den Vorteil, daß man lange auf Hochflächen mit freier Sicht geht. Ideal also im Frühjahr und Herbst – im Hochsommer kann's dagegen lästig sonnig werden. Sitzgelegenheiten mit schöner Aussicht und Bewirtung gibt's genug, allein im Bereich des Kleinen Belchen liegen ein Dutzend Berggasthöfe. Die beste Tourenzeit: zwischen Anfang Mai und Ende September, dann sind alle Berggasthöfe geöffnet.

➲ Doppelte Freude beim Gehen: Wanderkarte des Vogesenclubs, Blatt Munster, 1:50.000.

Blick gen Münstertal und Schwarzwald, oberhalb der Ferme Buchwald

- **Anfahrt zu den Fermes Auberges in Petit Ballon-Nähe (5,6,7,8)**: Auf der D 417 Richtung Munster, auf der Höhe der Nouvelle Auberge links Richtung Soultz-bach-les-Bains und Wasserbourg abbiegen. Dort sind die Fermes ausgeschildert. **Alternative:** In Munster auf der D 10 durch das Fechttal über Metzeral und Sondernach, hier auf die Petit-Ballon-Route abbiegen.

- **Anfahrt zu den Fermen im oberen Münstertal (9,10,11,12)**: Auf der D 417 Richtung Col de la Schlucht, vier Kilometer oberhalb von Soultzeren (Abzweigung „Le Thanet, Station du Ski").

Achtung Weideauftrieb: Auf dem schmalen Paßsträßchen zum Petit Ballon kriechen an den sonnigen Wochenenden im Sommer und Frühherbst Ausflugsbusse in dichter Folge hinauf und sorgen in den Fermes links und rechts davon für ein volles Haus.

Beliebtes Wanderziel: Ferme Buchwald am Petit Ballon

5 Ferme Auberge BUCHWALD – Wasserbourg. Platz für 100 hungrige Wanderer, aber sonntags droht dennoch Anstehen zum Vesperfassen! Die Ferme liegt an einer Wegkreuzung unterhalb des Kleinen Belchens auf 1.050 m, mit Sicht bis runter nach Colmar – aber eben nur ein paar Meter abseits der Rennstrecke auf den Petit Ballon. Die schwarzweiß-gefleckten Vogesenkühe grasen auf Postkartenweiden, eine knorrige Wetterbuche wirkt im Betrieb von heute wie ein Relikt. Dazwischen Radlergruppen und Reisebusse. Zu genießen wäre die Aussicht ins Münstertal, sie könnte nicht schöner sein; auch vom großen Saal aus, in dem es an einem sonnigen Sommerwochenende voll werden kann. Dazu Kuhglocken an den Deckenbalken, der Kachelofen gemütlich im Eck, auch am Essen gibt es wenig zu meckern: die große Suppenschüssel zünftig, der frische Salat stammt aus dem Garten, dann wird's eher heftig: ob Charcuterie, geschmorter Schinken, tarte de la vallée, munster coiffé (Kartoffeln mit Speck, Zwiebeln und Münsterkäse im Ofen gebacken).

Ferme Buchwald, am Petit Ballon

Ob nach solcher Kost noch ein Münsterkäse geht, kann nur individuell entscheiden werden! Der frische Obstkuchen hat jedenfalls einen unverschämt dünnen Teig. In der Summe ein guter Fleck.

Ferme Auberge BUCHWALD (Familie Jean-Paul Wehrey)
68230 Wasserbourg, Tel. 0033-(0)3.89.77.37.08

Lage: 1.050 m, unterhalb Petit Ballon

Öffnungszeiten: Von Ostern bis November. Vom 15. Mai bis 15. Okt. täglich, vom 16. Okt. bis 15. Nov. nur am Wochenende.

Angebot: Melkermenu und auf Bestellung drei weitere Menus (z.B. ein sehr feiner Kalbsrollbraten). Kleine Gerichte aus dem Ofen.

Fermeprodukte: Münsterkäs, Bergkäse, Speck, Rohschinken, Schweinskopf, Trockenwürste, Ganswurst.

Gasträume: Zwei Speisesäle mit gut 100 Sitzplätzen, sparsam möblierte Draußensitzmöglichkeit mit Sicht ins Tal. Keine Gästezimmer.

Hinkommen: Vom Münstertal (D2) ab Soultzbach über Wasserbourg (ab Abzweigung Soultzbach ca. 7 km). An der Straßengabelung unterhalb von der Ferme Auberge Kahlenwasen links.

➲ **Wanderungen**: Ab Ferme auf den Gipfel des Petit Ballon ca. 1h. Boenlesgrab 50 min (rote Scheibe); Hilsenfirst 1h30.

Ferme Kahlenwasen, am Petit Ballon

6 Ferme Auberge KAHLENWASEN – **Luttenbach. Exponierte Lage** in den baumlosen Hochweiden des Petit Ballon, also aussichts- und besucherreich. Das große Anwesen mit Sitzplätzen für gut 100 Besucher wurde nach dem Ersten Weltkrieg wieder aufgebaut. Die Ferme mit Übernachtungsplätzen liegt am Paßsträßchen (route du Petit Ballon) auf 1.194 m, direkt unterhalb des Petit Ballon. Auch hier wieder zwei heimelige Gasträume, bei frostigem Wetter wärmt ein dunkelbrauner Kachelofen, in der anderen Stube ein gemauerter offener Kamin.

Aber auch hier liegen die eigentlichen Gunstplätze im Freien – lange Bänke mit weiter Sicht über die Bergweiden ins Münstertal und zu den Granitgipfeln der mittleren Vogesen (Rösser füttern ist verboten). Madame schmeißt den Laden gekonnt, ihr Temperament reißt manchmal den Patron mit, der alles gern ein wenig ruhiger hätte. Zu essen gibt's alles vom Hof (Viehzucht mit Vogesenkühen, Hühner, Kaninchen, Schweine, Schafe und Pferde): Melkermahlzeit mit Suppe und

Ferme Kahlenwasen, am Petit Ballon

tourte, jambon braisé, eigener Münster- und Bibalakas. Auf Bestellung Rehragout (Civet de Chevreuil) oder Pot au feu – und obendrauf bei Bedarf noch eine Heidelbeertarte oder die tarte fromage blanc de la ferme.

Ferme Auberge Kahlenwasen (Fam. Lochert)
Petit Ballon, 68380 Luttenbach, Tel. 0033-(0)3.89.77.32.49

Lage: 1150 m, direkt unterhalb vom Petit Ballon inmitten Bergweiden, Sicht auf die mittleren Vogesen und das Münstertal.

Öffnungszeiten: Ostern bis 15. November. Von Ostern bis Ende April nur am Wochenende; vom 1. Mai bis Anfang Nov. täglich, außer Mi.

Fermeprodukte: munster, bargkas.

Essen, Schlafen: Zwei rustikale Gasträume (insges. 80 Plätze) im traditionellen Fermestil, ♣ große Terrasse mit langen Holzbänken. 12 Zimmer im ersten Stock – die talseitig mit wunderschöner Aussicht über Bergweiden – für 2,3 oder 4 Pers., max. 25 Pers.

➲ **Wanderung** auf den Gipfel des Kleinen Belchen 30 min. Zur Ferme Auberge Landersen 1 h.

7 Ferme Auberge ROTHENBRUNNEN – Sondernach. Auch die Ferme Rothenbrunnen auf 1.100 m Höhe ist, wie Kahlenwasen, eine beliebte Etappe – gerade mal eine Viertelstunde unterhalb vom Gipfel des Petit Ballon. Die große Stube schluckt mühelos einen Bus voll und ein paar Wanderer dazu. Von der Decke grüßen Kuhglocken, die Tische sind schön eingedeckt und das Essen wird ordentlich serviert. Von der Freiterrasse Rundumsicht: im Norden der spärlich begrünte felsige Steinberg, nach Südwesten der Hilsenfirst (1.270 m) und der Langenfeldkopf (1.289 m), im Westen der Schnepfenriedkopf (1.258 m).

Ferme Auberge Rothenbrunnen (Fam. Jean-Claude Lochert)
68380 Sondernach, Tel. 0033-(0)3.89.77.33.08.
Lage: 1100 m.
Geöffnet: ganzjährig, Ferien im Januar. RT: Mo.
Fermeprodukte: munster, Bergkäse, Butter.
Essen, Schlafen: ein großer Speisesaal (80 Plätze) im traditionellen Fermestil, ♣ Terrasse, 7 Zimmer und 1 Schlafsaal, insg. für 40 Pers.

➲ **Wanderungen ab Ferme:** auf den Gipfel vom Petit Ballon 15 min, rund um den Petit Ballon 1h30. Markstein 3 h.

8 Ferme Auberge LANDERSEN – Sondernach. Im Windschatten vom Petit Ballon, abseits der Kammstraße und nicht gerüstet für Andrang. Landersen hat nur Platz für 50 Personen, aber gewirtet wird schon seit 1904. Nette Wirtsleute, kein Folkloreschmäh, einladend gedeckte Tische und ein ausgezeichneter Münsterkäs von den 22 eigenen Kühen, die auch den Winter über ohne Silofutter versorgt werden. Wintergarten und Panorama-Terrasse mit Sicht auf den Petit Ballon und den Vogesenkamm bei Hohneck.

Ferme Auberge Landersen (Fam. Bessey)
68380 Sondernach, Tel. 0033-(0)3.89.77.60.70.
Geöffnet: 15. Jan. bis 30. Nov. RT: Fr.
Lage: 850 m, oberhalb Sondernach
Essen, Schlafen: Gasträume im rustikalen Stil, ♣ Terrasse. Ferienwohnungen: 2 Studios für 4 Pers., ein Doppel (jew. mit Dusche).
Hinkommen: über Sondernach auf der D10.

Im oberen Münstertal

Oberhalb von Soultzeren (auf der D 417 Richtung Col de la Schlucht, Abzweigung Le Thanet, Station du Ski) – liegen gleich vier Fermes Auberges. Alle familiär, behaglich und alle mit großer Aussicht:

9 Ferme Auberge SOULTZERSMATT – **Soultzeren.** Die kleine Ferme auf der Soultzersmatt, 800 m oberhalb vom Münstertal, wurde renoviert und im Sommer 2003 neu eröffnet. Also kein altes Bauernhaus, sondern eher Schweizer Chalet-Stil – Terrasse mit grandioser Aussicht übers Münstertal. Speisesaal mit 24 Sitzplätzen. Beim Essen raten wir zum Vesper mit eigenem Käse, pâté mit crudité oder einer Schüssel mit frischem grünen Salat. Aus der warmen Küche kommt eher Derbes von fermeeigenen Produkten: Melkermenu (quiche au munster, Rind- und Kalbfleisch mit roigabrageldi, pot au feu. Zum Nachtisch eigenes Obst und Beeren.

Pot au feu und grandiose Sicht: Ferme Soultzersmatt, Münstertal

Ferme Auberge Soultzersmatt (Fabienne und André Barth)
68140 Soultzeren, Tel. 0033-(0)3 89 77 45 78.
Lage: 800 m (unterhalb vom Lac Vert), ♣ mit kleiner Terrasse.
Geöffnet: Von Ostern bis Mitte November. RT: Do.
Fermeprodukte: Butter, Munster, Bergkäse, Tomme, Milch, Quark.
Essen, Schlafen: 1 gemütlicher Saal (24 Plätze). 4 chambres d'hôtes
Hinkommen: Von der Abzweigung „Le Thanet, Station du Ski" an der ersten scharfen Linkskurve des Teersträßchens (nach ca. 1 km) führt rechts ein befahrbarer Forstweg ca. 300 m weiter zur Ferme.

➲ **Wandern**: von Soultzeren zur ferme 4,5 km; Lac du Forlet (GR 5).

Martins Lieblingsplatz: Ferme Schupferen, Massif du Tanet

10 Ferme Auberge DU SCHUPFEREN – **Stosswihr.** Schlicht, einfach und gut, also eine Bilderbuchauberge und dazu noch rund ums Jahr geöffnet. Auf den ersten Blick ist Schupferen ein altes, wetterfestes Bauernhaus in überirdischer Lage, die Gaststube mit Blick auf den Gemüsegarten und ins Münstertal. Dazu eine freundliche Wirtsfamilie, die kein touristengerechtes Ferme-Auberge-Theater spielt, sondern Gastlichkeit bietet und gutes Essen serviert (manche Preise scheinen auf dem Niveau der 80er Jahre eingefroren). Immer im Angebot: Fleischschnaka und Chèvre chaud; als plat du jour oft ein Braten oder Gulasch mit Nudeln, jeweils als reichliche Portion. Bergwirt Christophe Kuhlmann lebt mit seiner Familie das ganze Jahr über hier oben. Bei Schnee sind die letzten 3,5 Kilometer nur zu Fuß möglich – was kein Nachteil sein muß. Als Gäste kommen vorwiegend Wanderer, im Winter Skilangläufer (zum Trocknen nasser Anoraks hängen Kleiderbügel überm Holzofen), und einige Eingeweihte, denen Schupferen eine heilige Bergstation ist. So kommt der Deutsch-Elsässer

Heutransport vor der Silo-Zeit, am Massif du Tanet

Autor, Regisseur und Fahrensmann Martin Graff schon seit Jahr und Tag aus dem Münstertal hier hoch, mindestens einmal die Woche. Merci vielmals für den Tip, Martin!

Ferme Auberge du Schupferen (Christophe und Marie Kuhlmann) 68140 Stosswihr, Tel. 0033-(0)3.89.77.31.23

Geöffnet: ganzjährig, aber nur: Mi/Sa/So.

Lage: 1100 m, im Naturschutzgebiet Frankenthal-Missheimle, Massif du Tanet. ♣ Panoramawiese vor dem Haus.

Angebot: plat du jour, Vesper. Gemütlicher Eßraum mit Fensterfront zum Tal.

Hinkommen: Ca. 4 km nach der Abzweigung von der D 417 ist die FA Schupferen in einer Rechtskurve nach links ausgeschildert. Ab hier noch 3,5 km auf gut befahrbaren Schotterstraße – vorwiegend durch Wald, ab der FA Schantzwasen bis zum Wegende durch offenes Gelände mit Traumpanorama.

➲ **Wanderung ab Ferme:** Col de la Schlucht ca. 1h30.

■ **Chalet für Wanderer:** Oberhalb der FA Schantzwasen steht ein einfaches kleines Chalet mit Terrasse in Südlage (max. 4 Pers., Bad/WC, Kochnische). Es wird von der Ferme Schupferen vermietet. Alles weitere, auch Empfehlungen für die lohnendsten Touren in der Region bei Familie Kuhlmann (siehe oben).

Wenn das Gras grünt, beginnt die Wirtssaison auf Gärtlesrain

11 Ferme Auberge GAERTLESRAIN – **Soultzeren.** Viele Gäste kommen einfach nur zum Mittagessen hier hoch auf gut 1.100 Meter. Verständlich, denn beim Gärtlesrain stimmt die Mischung: Lage mitten in den Weiden, mit Sicht auf le Hohneck, den großen und kleinen Belchen, bei klarem Wetter sogar bis zu den Schweizer Alpen. Die Wirtsleute sind sympathisch, die Stimmung gut, und das Melkermenu (frischer grüner Salat, Tourte, Roigabrägelde, Bauernsuppe – und hinterher eine Obsttarte) ist „immer frisch und gut gemacht – ohne Ausreißer!" So berichtet ein Gewährsmann, der schon seit über 20 Jahren immer wieder mal vorbeischaut.

Am 20. Oktober werden die Kühe hinunter ins Tal nach Soultzeren getrieben, und wenn das Gras wieder grün wird – ab Anfang Mai –, sind alle wieder oben, im Mai beginnt auch die Wirtssaison.

Zum Dessert Alpensicht – Ferme Gärtlesrain

Ferme Auberge Gaertlesrain (Fam. Burger)
68140 Soultzeren, Tel. 0033-(0)3.89.77.44.77

Geöffnet: Mitte Mai bis Mitte Oktober täglich, außer Fr.

Lage: 1100 m, oberhalb Lac Vert. ♣ Terrasse mit Sicht bis in die Schweizer Alpen.

Fermeprodukte/Angebot: Münsterkäs. Melkermenu (repas marcaire), kleine Gerichte wie cassecroûte.

Hinkommen mit dem Auto: Von der Abzweigung „Le Thanet, Station du Ski" an der D 417 bis zum Ende des Teersträßchen unterhalb der Staudammbrücke vom Lac Vert auf 1053 m. Von hier ist es noch ein knapper Kilometer bergauf zu Fuß – was dem Hunger nur gut tut. Wer das nicht schafft: 800 m holpriger Forstweg sind 's noch bis direkt vor die Fermetür.

Hinkommen zu Fuß: ab Soultzeren ca. 2 h.

➲ **Wanderungen ab Ferme:** Lac Verte 10 min, Lac du Forlet 40 min, Col de la Schlucht 1h30, le Hohneck 2h30.

12 Ferme Auberge LAC DU FORLET/LAC DES TRUITES – Soultzeren. Schöner geht es eigentlich nicht, eine Lage wie im Amphitheater. Die Ferme liegt in einem eiszeitlichen Talkessel, am Fuß der Steilhänge des Gazon de Faing (1303 m) am idyllischen *Lac du Forlet* – auch *Lac des Truites* genannt. Der 2,8 ha große Stausee ist mit 1.100 Metern jedenfalls der höchstgelegene der Vogesen. Auf der großen Granitterrasse sitzen – Kuhglockengebimmel, der ausgezeichnete Munster auf dem Tisch, einfach perfekt. Außerdem gibt's Suppe, Fleischpastete und eine sehr gute Obsttarte – mit dünnem

Lage wie ein Amphitheater – Ferme Auberge Lac du Forlet

Teig! Zur Saison auch Heidelbeertarte, die bald die Anfahrt lohnt – natürlich mit Sahne. An Sommerwochenenden bleibt der Herrgottswinkel natürlich nicht einsam – wegen dem erschwerten Zugang jedoch vergleichsweise schonend besucht. Außerdem laden am nahen Seeufer Grasmulden zum Dösen oder Lesen ein.

Seit die Sommer so warm sind bietet sich der gestaute Bergsee auch zum Schwimmen an! Achtung Pilzfreunde: Entlang vom Forstweg zum See werden im Herbst verdächtige Gesellen mit Messer & Korb beobachtet!

Gefälliger Auslauf, Wanderweg bei der Ferme du Forlet

Um den Namen des kleinen Sees gibt es einigen Wirrwarr: inmitten eines Föhrenwaldes gelegen, hieß er Föhrenwaldsee, auf französisch Lac du Forlet; im Elsässerdeutschen wurde aus der Forlet eine „Fohrle", folglich aus dem „Lac du Forlet" ein Fohrle-See. Falsch eingedeutscht wurde daraus der „Forellen-See". Nach dem Krieg, als im Elsass reines Französisch aufkam, wurde aus dem Fohrle-See wieder korrekt der „Lac de Forlet". Einigen konnte man sich jedoch auf keinen der beiden Begriffe. Egal – der Platz stimmt.

Ferme Auberge Lac du Forlet/Lac des Truites (Fam. Lochert)
68140 Soultzeren, Tel. 0033-(0)3.89.77.49.22

Lage: 1100 m, oberhalb vom Lac du Forlet.

Geöffnet: Mai bis Nov. RT: Di. Im Winter bei Schnee für Langläufer geöffnet. Leider keine Übernachtungsmöglichkeit.

Fermeprodukte: Munsterkäs.

Besonderes: Schwimmen mit Blick auf den Gazon du Faing. ♣ Allerschönste Sonnenterrasse über dem Stausee

Hinkommen: Auf der D 417 von Munster Richtung Soultzeren/Col de la Schlucht. Oberhalb von Soultzeren gabelt sich die Straße, hier

Lac du Forlet, Blick vom Gazon du Faing

nach rechts abbiegen, Richtung Col du Wetzstein (D48). Nach 300 m an der ersten Kurve links auf einen Waldweg abbiegen: zuerst noch ein Stück asphaltiert, dann kommt eine 4 km lange Holperstrecke. Unterhalb der Staumauer sind Parkplätze ausgeschildert. Von hier aus sinds noch ca. 800 m (ab der Staumauer links um den See herum). Parken an der Staumauer ist verboten (häufig Kontrollen).

Alternative zur Holperstrecke: Fußweg ab Ferme du Gaertlesrain (bequeme 40 Minuten) oder eine längere Wanderung vom Col du Wettstein.

➲ **Wanderungen ab Ferme:** zum Kammweg (sehr steil) oder hinüber zur Ferme Gärtlesrain 40 min. Lac Noir 1h15, Col du Wettstein 1h30.

▸ Den schönsten Blick über den See hat man von der Steilwand des Gazon de Faing, 1.303 m (siehe Foto oben) – erreichbar auf einem kurzen Spaziergang von der Ferme Gazon du Faing an der Route des Crêtes oder auf der Drei-Seenwanderung.

Neu, großzügig, hell – Ferme Auberge du rain des chênes

13 Ferme Auberge DU RAIN DES CHÊNES – **Orbey/Basses-Huttes.** Ein Ziel für Munstertal-Aficionados: Das mächtige waldrebenberankte Bauernhaus (feuerrot im Herbst) oberhalb Orbey (D 48 von zum Col du Wettstein/Munster), fällt einfach auf, nicht nur wegen des kreisrunden Schildes an der schiefergeplättelten Hauswand: „Produits Fermiers Christine und Patrick Chaize." In den Hauptrollen: Kleine schwarz-weiße Vogesenkühe, saftige Hochweiden, Patrick und Christine Chaize. Das Ergebnis: wundervoller Munster und Bergkäse – alles natürlich „Fabriqués au lait cru". Das Bauernhaus steht immer noch, aber der bescheidene kleine Bauernladen ist umgezogen: Direkt unterhalb dem alten Bauernhof steht seit Frühjahr 2006 ein grasbewachsenes Blockhaus, die neue Ferme Auberge Du Rain des Chênes, betrieben von Chaize jun. Eine Ferme Auberge der neuen Art: großzügig im Blockhausstil, frei von Kuhglocken, dafür mit großer Panorama-Fensterfläche und Terrasse mit Blick auf die gegenüberliegende Bergkette. Benannt ist die Ferme nach dem Gebietsnamen

Ein Luftkurort – Ferme Auberge du rain des chênes

Rain des chênes (Eichenrain), im 1. Weltkrieg ein schwer umkämpftes Gebiet.

Serviert wird ein frischer grüner Salat, crudité und ausgezeichnete eigene Wurstwaren, Munster und Bergkäs. Alle angebotenen Produkte stammen vom eigenen Bauernhof mit Schweinezucht und Kühen. Das restliche Angebot unterliegt Schwankungen. Mittags eine plat du jour (8 Euro). Im Dessertangebot tartes, fromages blancs und sogar eigenes Eis.

Ferme Auberge du rain des chênes (Fam. Chaize)
68370 Orbey/Basses-Huttes, Tel. 0033-(0)3.89.71.30.42.

Geöffnet: Do bis Mo-mittag.

Typ: Modernes freundlich, helles Blockhaus mit ♣ Terrasse.

Angebot: täglich wechselnder Tagesteller; 5 verschiedene Flammkuchen; abends u.a. Raclette. Munster, bargkaas. Käseverkauf vor Ort und auf dem Sa-Markt in Colmar.

Preise: günstig.

Auf Einkaufstour im Elsass

Markthalle am Canal Couvert, Mulhouse

6 lohnende Wochenmärkte
22 interessante Läden und Erzeuger

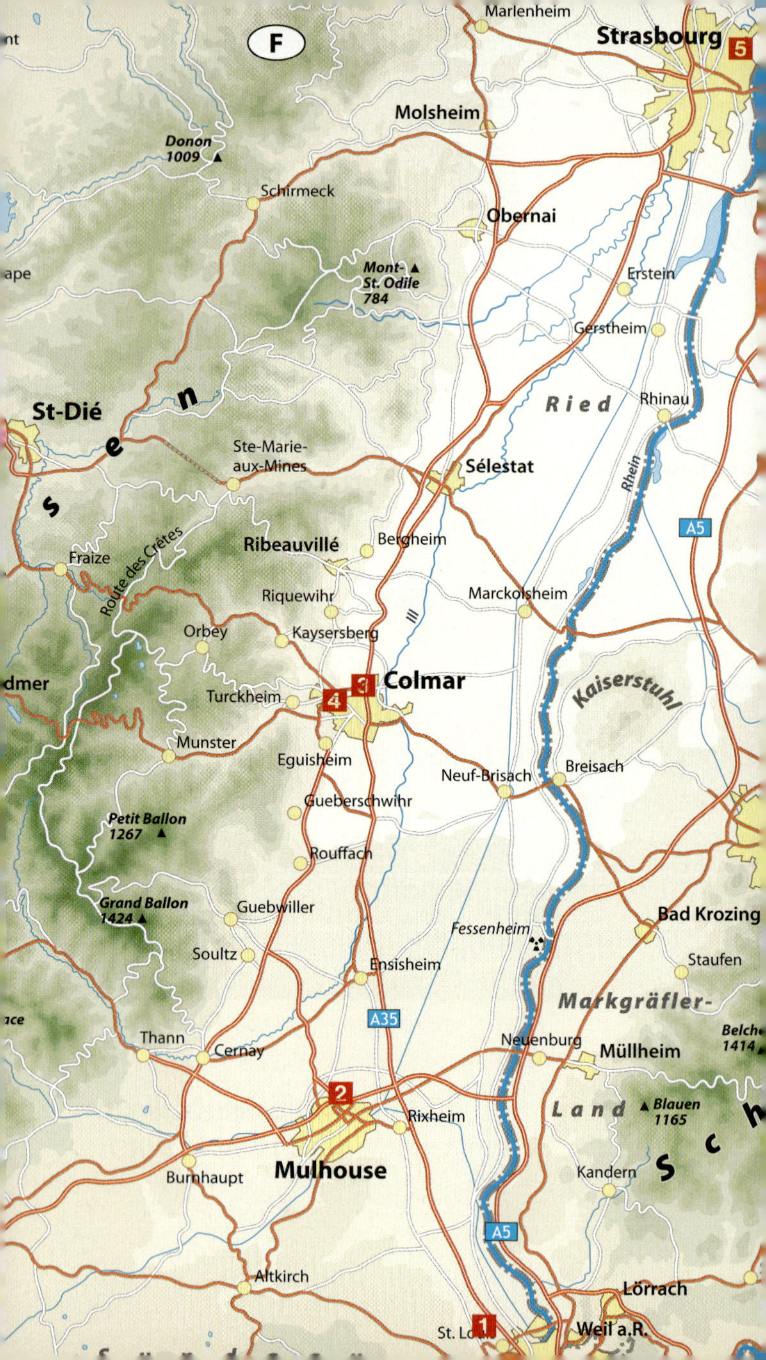

F
Marlenheim
Strasbourg
5
Molsheim
Donon
1009
Schirmeck
Obernai
Mont-
St. Odile
784
Erstein
Gerstheim
Ried
Rhinau
St-Dié
Ste-Marie-
aux-Mines
Sélestat
Rhein
A5
Ribeauvillé
Bergheim
Fraize
Route des Crêtes
Riquewihr
Marckolsheim
Ill
Orbey
Kaysersberg
Colmar
3
4
Kaiserstuhl
Turckheim
Munster
Eguisheim
Neuf-Brisach
Breisach
Gueberschwihr
Petit Ballon
1267
Rouffach
Grand Ballon
1424
Guebwiller
Bad Krozing
Fessenheim
Soultz
Staufen
Ensisheim
Markgräfler-
A35
Belch
1414
Thann
Cernay
Neuenburg
Müllheim
2
Rixheim
Land
Blauen
1165
Mulhouse
Burnhaupt
Kandern
A5
Altkirch
Lörrach
St. Lo
1
Weil a.R.

1 Wochenmarkt in St. Louis

Marché de St-Louis/Ludowiger Markt (Sa): Bunt, lebendig, billig und ehrlich, somit ganz anders als der sterile Basler Wochenmarkt, in St. Louis gibt es unter manch' anderem: Charcuterie-, Fleischwaren und dazugehörigen Rezepte am Stand von *Christian Utzmann*; heißes Geflügel samt Beilagen am bretonischen poulet-Stand; Lamm und Hammel von der Maghreb-*Boucherie Mouzane;* Spécialités Sundgoviennes (vorzüglicher Schinken!) von *Philippe Brand* aus Riespach; für Geflügel sorgt *Toni-Volailles* von der ferme in Zaessingue. Keine Angst, lebende Hühner wie noch vor wenigen Jahren gibts keine mehr auf dem Lodowiger Markt, dafür hervorragender Ziegenkäse (chèvre frais und verschiedene gereifte Sorten) vom *Luppachhof*, Bouxwiller. Und dann natürlich jede Menge Frischware von den Gemüsebauern aus Village-Neuf. Außerdem ein großes Kleiderangebot, freilich überwiegend in synthetischem Zwirn, vielleicht findet sich was für's nächste Techno-Häs.

Marché de St-Louis, rue de Huningue, 68300 St. Louis.
Der Markt findet auf der Place de l'Europe und rue Lauly gleich neben der Hauptpost statt.
Marktzeiten: Samstagvormittag
Anfahrt: St. Louis „centre". Entlang der Hauptstraße sind Parkplätze knapp, wer dem Schild „Salles des Fêtes" folgt, kann auf dem großen Platz unmittelbar hinter dem Markt parken.

Essen, Trinken: Das ehemalige Rest. du Marché ist zur PMU-Bar (Pari Mutuel Urbain) „Le Galopin" mutiert. Hier können Pferdewetten abgeschlossen und ein Apéritif eingenommen werden.

en direct
FRANCE LOISIRS

Mulhouse, Marché du Canal Couvert

2 Wochenmarkt in Mulhouse

MARCHÉ DU CANAL COUVERT (Di/Do/Sa). Mülhausens Markt gehört – vor allem am Samstag – zu den letzten authentischen und großen Märkten der Region. Ein Markt mit gedeckter, unlängst renovierter Markthalle und lebhafter Atmosphäre. Mit gut 300 Ständen, darunter 40 in der Halle, der größte Markt in Ostfrankreich. Das beliebte Markthallenrestaurant „Aux Halles" hat seit der Renovierung seine eigene Etage mit Empore und guter Sicht über das ganze Marktgeschehen. Alles ist lichter und freundlicher geworden – und es bleibt eigentlich nur die Frage: warum nur gibt es so etwas in keiner deutschen oder Schweizer Stadt? Die Hamburger Deichtorhallen, wo sich früher einmal 2.000 Stände auf drei Hektar Gesamtfläche drängten, sind mittlerweile zum Trödel- und Kunsthandwerksmarkt degeneriert.

Kunden und Gemüse mit Migrationshintergrund

Wann ist Ausland? Wenn zwei marokkanische Metzger vor versammelter Kundschaft ein Lamm der Länge nach spalten. Wenn ein paar Meter weiter eine orientalische Fleischereifachverkäufern mit Chanel-Brille und roten Fingernägeln bedient. Der Wochenmarkt am Canal Couvert in Mulhouse ist multikulturell, das Angebot an Gesten und Gemüse grenzüberschreitend: vom abgeflammten Schafskopf bis zu den Minze- und Koriandersträußen, die draußen zu meterhohen Kräuterhalden aufgetürmt werden. Trotz der Renovierung hat der Markt seine herbe Note von früher durchaus erhalten. Der Samstagsmarkt in Colmar (am Josephsplatz, vgl. dort) bietet da und dort eine etwas höhere Produktqualität, der Erzeugermarkt in Straßburg lebt von hochwertigen Angeboten vom Hersteller (Samstagvormittag, beim Château Rohan, vgl. dort).

Das Angebot in und um die neue Halle in Mulhouse korrespondiert dagegen mit den Bedürfnissen einer bunt gemischten Bevölkerung. Wobei sich einmal mehr die alte Klage vom

Haldenweise frische Kräuter von Minze bis Koriander

Niedergang des deutschen Warenangebotes aufdrängt. Im Vergleich zu einer mitteldeutschen Industriestadt erscheint Mulhouse wie eine kulinarische Offenbarung. Das Gegenteil vom Markt ist ein Schlecker-Markt. Deshalb gibt es in jedem deutschen Ort über 2000 Einwohnern Wattestäbchen und Multivitamintabletten, aber keine Lebensmittel.

In Mulhouse gibt es drei Marktzonen. Im Freien Obst, Gemüse, in der Verlängerung einfache Kleider und die üblichen Ramschstände. In der Markthalle nur Lebensmittel.

Im Freien: Direkt vor der gedeckten Markthalle Obst und Gemüse in Fülle: ganzjährig frische Gewürzkräuter zu Halden gestapelt. Auch im tiefen Winter Berge von Koriander (gut für Fischgerichte, zur Erinnerung an Portugal!), verschiedene Minzesorten und alle Kräuter, die das Lamm begleiten. Im Weiteren Verlauf eine große Fläche jahrmarktähnliches Angebot an Kleidern, Küchengerät, Devotionalien. Sehr beeindrukkend beispielsweise die Parfümimitationen, mit deren Inhalt jede noch so zähe Beziehung beendet werden kann.

Poissonnerie Du Littoral, Markthalle Mulhouse

In der Markthalle: Gleich am Haupteingang der große Brotstand vom Holzofen-Bäcker *Dangel,* ehemals das beste *pain de campagne* (grand pain) weit und breit – in Riesenformaten (kapitale 4 Pfünder). 2006 übernahm *Souiri Hamo* nicht nur den Markennamen, sondern auch die Backstube der Familie Dangel in Bendorf und den großen Stand eingangs der Markthalle in Mulhouse. Seither schmeckt das Brot aber nicht mehr so. Nicht nur, daß die Formate geschrumpft sind, vielleicht liegts an der Teigführung oder Teigmischung – wer weiß, das alte Dangelbrot war anders. Schade.

Ungefähr in Hallenmitte der Geflügelstand von *Mme Robert Elchinger* (leicht zu erkennen an der bunten Beschilderung). Hier gibt es auch ganze Tiere, anders als bei uns, wo nur fertig ausgenommenes Geflügel zum Verkauf zugelassen ist. Deutsche Kunden kennen und wollen es mittlerweile schon gar nicht mehr anders als vorpräpariert. „Was hab ich expliziert“, stöhnt Robert Elchinger. Alles vergeblich. Ganz anders die französische Kundschaft, für die das Ritual zum Kauf gehört. Ganz zu recht, meint Elchinger, denn zum einen könnte ausgenommene Ware viel länger gelagert sein, Geflügel mit Innereien ist also schon für sich ein Frischezeichen. Zum anderen verliert ein ausgenommenes Tier durch Oxydation an Frische. Tagesfrisch geschlachtetes Geflügel vor dem Kunden hergerichtet, das ist der optimale Ablauf und das bietet Elchinger; vom Stubenkücken über Hähnchen und Poularde bis zur Ente, dazu noch Wachteln, Tauben, Perlhuhn.

Orient-Metzgereien – *Boucherie viande Hallal* („hallal" bezeichnet die muslimische Schlachtmethode, das Schächten). Daran fehlt es am Mulhouser Markt wirklich nicht und an Kundschaft auch nicht. Hier werden für kleines Geld pausenlos Rinder- und Lammhälften zerteilt.

La Fromagerie Saint-Nicolas. Einzigartiges Käseangebot wie aus Colmar bekannt, wo Jacky Quesnot und seine Frau einen Käseladen betreiben (siehe dort). In Mulhouse bedient Mme Quesnot und Pauline, die charmante Tochter der Quesnots. Damit wird auf dem Mulhouser Markt nun auch allerfeinster Rohmilchkäse – zu fairem Preis angeboten!

Schräg gegenüber an der rechten Stirnseite, neben dem Eingang die *Poissonnerie Du Littoral.* Präzise Unterscheidung zwischen Zuchtfisch *(élévage)* und Wildfang *(sauvage).* Das Fischangebot mit Seefisch-, Schalentier- und Muscheln kann allerdings nicht immer mit dem breiten Sortiment von Super-U in Brunstatt (vgl. dort) konkurrieren, auch preislich nicht.

■ **La Buvette/Aux Halles** – Bar und Restaurant. Parterre die Bar mit ein paar Tischen, an denen sich Wärme- und Aperitifsuchende einstellen. Volkstümlich wie das Angebot auch die Preise, ideal für biere&sandwich, freundliche Pächter. Im ersten Stock dann das Restaurant *Aux Halles,* wie eh und je mit treuer Stammkundschaft und dem Wirtepaar Monsieur und Mme François Litzler hinterm Tresen (das Institut wird seit 1946 von Familie Hinderer-Litzler bewirtet). Viele Gäste kommen speziell zum Einkaufen, Essen und Freunde treffen hierher, ein charakterstarker Ort. Samstags sehr belebt, mit

STAURANT " AUX HALLES

dem traditionellen Angebot von fünf Menus in populärer Preislage zwischen 10 und 15 Euro: darunter Klassiker wie der vielgelobte Kalbskopf *(tête de veau)*, gekochtes Rindfleisch mit grobem Salz *(Boeuf gros sel)*, *Surlaverla* und *crudité*. Zu Marktzeiten wird mit enorm hohem Ausstoß, dennoch in akzeptabler Basisqualität serviert, dazu gehören im Elsass freilich auch Saucen, die der Erdanziehung trotzen. Sei's drum, es spricht für sich, dass die beliebten Tische auf der Innenveranda am Samstagmittag reserviert oder von langjährigen Stammgästen belegt sind. Stimmung und Geräuschpegel erinnern an eine Vollversammlung arbeitender Stände, alles authentisch mit Tubaksqualm und Rotwein im piquet. Erst gegen Ende des Markttreibens, um halb zwei Uhr wird es ruhiger, serviert wird, bis der Letzte satt ist oder aufgibt.

Marché du Canal Couvert
rue Franklin, ave. Aristide-Briand/blvd Roosevelt, 68200 Mulhouse

Marktzeiten: Di, Do, Sa. Die Markthalle ist an den Markttagen bis 18 Uhr geöffnet. Di, Do ist das Angebot eingeschränkt, dafür gibt es genügen Platz zum Parken! Am Samstag ist der Markt am größten.

Essen, Trinken: Restaurant Aux Halles, 1.Stock in der Markthalle Öffnungszeiten während der Marktzeiten: Di,Do,Sa von 6 bis 17 Uhr. Tische für Samstagmittag (speziell die auf der Empore) reservieren: Tel. 03.89.60.49.28.

Anfahrt: A 36, Ausfahrt Mulhouse Ouest. Den Hinweisschildern Automobilmuseum bis zum Museum gegenüber vom Kanal folgen, hier rechts in den Quai du Forst abbiegen, der direkt auf die Markthalle zuführt.

Parken: Der große Parkplatz östlich der Markthalle (Zufahrt von der Rue du Présid. Roosevelt und Rue Franklin, Parkuhr) reicht samstags zu den Stoßzeiten (zwischen 10 und 12) trotz 400 Plätzen nicht aus. Besser in einer der Seitenstraßen parken oder auf der Place Franklin, entspannter ist die Situation an den beiden anderen Markttagen.

Unten einkaufen, oben aufessen:
Restaurant Aux Halles, Markthalle Mulhouse

Donnerstagsmarkt vor der alten Markthalle, Colmar

3 Wochenmarkt in Colmar

Marché de la Place de l'Ancienne-Douane (Do). An den Stufen zum Tor der Markthalle luden einst die Händler, die mit Booten auf der Lauch in die Stadt kamen, ihre Ware ab. Heute kommt niemand mit dem Boot – außerhalb der Marktzeiten (jeden Donnerstagvormittag) wird die eigentlich schöne Halle als Parkplatz mißbraucht. 2007 wird das Relikt saniert, danach soll der Marktbetrieb wieder während der ganzen Woche etabliert werden.

Schon bislang bietet der traditionelle Markthallentermin am Donnerstagvormittag kulinarische Höhepunkte, dann finden sich die interessantesten Marktstände vom großen Samstagsmarkt an der Josephskirche (s.u.) auch in der Altstadt ein. Außerdem und nur am Donnerstag der Fischstand von *André Lameille* mit Spitzenware direkt von der Normandie, die freilich ihren Preis hat (an der Längsseite gegenüber vom Eingang). Wer tagesfrischen Atlantikfisch und Schalentiere sucht, wird hier hervorragend versorgt (Fang von kleinen

Frisch vom Atlantik, Fischstand André Lameille, Markthalle Colmar

Booten, also keine gemästete Farmware ‚élévage', wie sie die großen Supermärkte häufig anbieten). Längst werden auch Doraden und Wolfsbarsch gefarmt, was der Qualität nicht guttut. Bei Lameille gibt es keine gefarmten Fische, auch keine Fische von großen Trawlern, die tagelang unterwegs sind und deren Beute entsprechend lange auf Eis liegt. Die Ware der Küstenfischer kommt ohne Umwege von Hafen Dieppe in der Normandie direkt nach Colmar, was gleich zu schmekken ist, denn es riecht am Stand von Lameille nach Meer und nicht nach Fisch. Natürlich werden auch Austern, Muscheln und Schalentiere angeboten.

Am Käsestand von *Jacky Quesnot* gleich daneben (Details s. auch Fromagerie St. Nicolas in Colmar-Innenstadt) geht es um Qualität im traditionellen Sinn. Allein sein Tableau mit -zig Sorten an Ziegen- und Schafskäse ist eine Augenweide. Natürlich ist die Schachtelware in den Hypermarchés am Stadtrand etwas billiger, aber was heißt das schon. Quesnot verkauft mit seinem Käse ein Einkaufswissen, wie es nur in Jahrzehnten entstehen kann. Persönliche Bekanntschaft mit

Fromager Jacky Quesnot, Markthalle Colmar

den Herstellern, Kenntnis von Produktion, Wissen um den Reifegrad. Kein Zufall, daß Quesnot nicht allerlei Münsterkäse anbietet, sondern den eines kleinen Produzenten von nebenan, der Referenzqualität erzeugt: *Patrick Chaize* aus Orbey/Basses Huttes (s. dort, Chaize ist im übrigen auch mit einem kleinen Stand auf dem Markt, schräg gegenüber von Jacky).

Ebenfalls in der Markthalle ein Stand mit verschiedenen Sorten feiner, luftgetrockneter Salami – und diversen anderen Trockenwurstsorten: *Chez Thierry* aus Eguisheim.

Verschiedene Geflügel-Spezialitäten: *Ferme Schmitt,* Bischoffsheim*:* Alles von Ente, Gans, Pute, Huhn und Kapaun. Foie Gras und Wurstwaren, croûte, pâtés und rillettes. Fleisch, Konserven und Fertiggerichte.

Der üppig bestückte Pilzstand mit Ware von *Patrick Falaize* aus Villé mit vielem, was der Vogesenwald je nach Jahreszeit hergibt. In der kargen Zeit Zuchtpilze und getrocknete Pilze, frische Champignons in viererlei Sorten. (Mi auch auf dem Markt in Riedisheim, Sa auf dem Josephsmarkt in Colmar).

Einfach das beste Brot: Boulanger Vincent Ley

Boulanger *Vincent Ley*. Es gibt Kastenbrot, rundes Bauernbrot und lange Formen. Einfach nur hervorragendes Brot (mit das beste in der Region). Kein Knusperlaible und keine Joggingweckle, zweifellos eine etwas andere Brotboutique. Leys Kunden gehen dem reduzierten Angebot zielstrebig entgegen, keine Zufallskäufer, eher alte Bekannte. Leute, die in der Brotrinde lesen können. Eine Erweiterung des Sortiments würde eine solche Klientel eher verunsichern als vergrößern. Leys Kundschaft sucht Brot, keine Scherzartikel. Schon vor Marktende ist immer alles Brot verkauft.

Marché de la Place de l'Ancienne-Douane – Colmar
Rue des Tanneurs, Markhalle, Place du Marché-aux-fruits

Marktzeiten: Donnerstagvormittags von 8 bis 12.30 Uhr. (Ab 2010 ist in der Halle ein täglicher Markt geplant.)

Essen, Trinken: Zur Einkehr nach dem Markt empfiehlt sich direkt gegenüber der Markthalle Trois Poissons oder um die Ecke Le Verre de Terres (s. Kap. Colmar).

Parken: entlang der breiten Rue Turenne oder auf dem Parkplatz Place de la Montagne verte.

Huîtres Marennes Oléron auf dem Josephsmarkt

4 St-Josephsmarkt in Colmar

MARCHÉ ST-JOSEPH – Samstagmorgens ist Wochenmarkt auf dem Josephsplatz, also rund um die Josephskirche (jenseits der Eisenbahnlinie nordwestlich der Altstadt). Der Markt ist attraktiv bestückt, neben jenem von Mulhouse der lohnendste Samstags-Markt im Süd-Elsass. Es wartet ein außergewöhnlich großes und gutes Angebot an Obst, Gemüse, Brot, Pilzen, Wild, frischen Forellen, Käse, Geflügel. Und zum Frühlingsbeginn gibt‘s schon die ersten Mimosen aus Nizza.

Östlich (links) der Kirche: Ein Forellenhändler aus Stosswihr (pisciculture d‘Ampferbach) und eine interessante Adresse für Geflügelfreunde: Eine Ferme aus Orbey bietet ein breites Sortiment an frisch geschlachtetem Geflügel. Gegenüber dem Geflügelstand (am Kopfende Richtung Rue du Logelbach) beste Aussicht auf eine feine Geflügelbeilage: der Pilzstand bestückt von Patrick Falaize aus Villé (Do in der Alten Markthalle in Colmar).

4 für 13 Euro, Würste auf dem Josephsmarkt

Westlich (rechts) der Kirche: Ein Demeter-Brotstand mit ausgezeichnetem Sauerteigbrot (Dinkel und Weizen) vom Holzofen: *Turlupain* aus Orbey. Sogar Liebhaber der portugiesischen Küche werden mit getrocknetem Stockfisch versorgt (man beachte das original lusitanische Bacalao-Fallbeil) sowie die Auswahl an landestypischen Konserven *(Julio Joaquim* aus Ostheim). Außerdem noch je ein Stand mit Atlantikfisch *(Poissonnerie Chez Luigi)* und einer mit Austern und Schalentieren *(Huîtres Marennes Oléron)*.

Der Käsewagen von *Jacky Quesnot* wird auf dem Josephsmarkt vom Sohn betreut, derweil Mutter und Tochter am Stand in der Markthalle von Mulhouse verkaufen und Jacky selbst in seinem Laden in Colmar-Innenstadt steht (Fromagerie St. Nicolas). Gegenüber der Einmannstand von *Patrick Chaize* mit ausgezeichnetem Munster, feinen Würsten und einem beachtenswerten eigenen Fleischangebot.

Eine Abordnung vom Bauernladen *Le Cellier des Montagnes Hachimette* (Stammladen siehe unter Hachimette) ist eben-

Sauerteigbrot vom Holzofen: Turlupain aus Orbey.

falls mit einem Ein-Mann-Stand vertreten: sehr guter Munster, Ziegenkäse, Butter und je nach Lust und Laune noch ein paar Eier oder Joghurt.

Boulanger *Vincent Ley* steht mit seinem Verkaufswagen wie immer am alten Platz (Details siehe Alte Markthalle).

Marché Saint-Joseph
Place Saint-Joseph (nordwestlich Bahnhof, Richtung Ingersheim)
Marktzeiten: samstagvormittags von 8 bis ca. 12.30 Uhr.

Strandmode vor romanischem Portal, St-Georgs-Münster, Sélestat

5 Wochenmarkt in Sélestat

Dienstagsmarkt: Die stimmungsvolle und gut erhaltene Altstadt von Sélestat belebt sich am Dienstagvormittag: dann findet hier der größte Straßenmarkt im ganzen Elsaß statt. Man findet hier rund ums Jahr wieder die bekannte Marktbesatzung: darunter der Käsewagen von Familie Quesnot, Geflügel-Goettelmann, Ferme Durr, Ferme Près du Bois, Turlupain mit Sauerteig-Brot aus dem Holzofen und ausgezeichneter luftgetrockneter Wildschweinschinken von Richard Hetzel aus St.-Die, außerdem ein reichhaltiges Pilzangebot in der Saison. Ansonsten ist das Lebensmittelangebot, gemessen an der Größe des Marktes, nicht überwältigend – die meisten Stände verkaufen billige Bekleidung, Hosenträger, Schuhe, eben alles, was in der Stadt der Wühltisch bietet, nur mit mehr Atmosphäre.

Marché Sélestat: Di der große Markt mit zusätzlichem Kleiderangebot in den abgesperrten Straßen der Altstadt. Sa entlang der Hauptstraße.
Marktzeiten: Di- und Sa-vormittag von 8 bis ca. 12 Uhr.
Essen, Trinken: Salon de Thé Benoît Wach (S. 166).

Zwei Dutzend Erzeuger auf einem Platz, Marché des producteurs

6 Wochenmarkt in Straßburg

MARCHÉ DES PRODUCTEURS (Sa). Straßburg mit seinen teuren Renommierhäusern einerseits und den herausgeputzen Fachwerkstuben (und Fallen) andererseits, ist sicher kein leichtes Pflaster. Aber Straßburg bietet auch zwei große Märkte (Mi, Fr am Quai Turckheim und Di, Sa am Boulevard de la Marne). Beiden Märkten mangelt es aber an Speziellem, das eine längere Anfahrt lohnen würde. Anders dagegen der Erzeugermarkt am Samstagvormittag (7-13 Uhr): Auf dem kleinen, platanenbeschatteten Platz zwischen dem bischöflichen Palais Rohan und einem Bootsanleger an der Ill, hat sich ein Markt etabliert, der durch Qualität und Atmosphäre gefällt. Sowohl bei den Anbietern als auch bei der Kundschaft. Kein Marktschreier preist seine Ware, es gibt nichts extra und umsonst. Die knapp zwei Dutzend Anbieter möchten sich nicht übertönen, sondern ergänzen.

Rheinfischer Martin Thalgott, Marché des producteurs, Strasbourg

Obwohl nicht sonderlich groß, bietet der Marché des producteurs ein erstaunlich vielfältiges Angebot. Was hier an jedem Samstagvormittag auf engem Raum von Geflügelfarmern, Schneckenzüchtern und anderen Facharbeitern geboten wird, hat kein noch so großer Supermarkt im Regal: Lebensmittel mit Terroirnote, Eigensinn, der schmeckt:

Der Rheinfischer *Martin Thalgott* führt den Titel „Pécheur professionel sur le Rhin", hier könnte man sich einen ganzer Zander aus dem Oberrhein zurechtmachen lassen, oder Aal, oder Hecht. Milch, Yoghurt und Käse von der *Ferme St. Ulrich* aus Durningen, darunter endlich auch eine crème fraîche, die schmeckt – natürlich aus Rohmilch! Fermen wie *Goettelmann* aus Meistratzheim oder *Schmitt* aus Bischoffsheim bieten Feinkost vom eigenen Hühner- und Gänsehof. Geflügel vielerlei Art in mancherlei Aggregatzustand, bis hin zur höchsten Verfeinerungsstufe, der foie gras. (Die Ferme Schmitt mit eigenem Laden, siehe S. 224). Von der *Ferme Auberge du Kreuzweg* 100% canard (Ente) – ohne Konservierungsmittel

Marché des producteurs, Strasbourg

und Pökelsalz (zur Ferme Col du Kreuzweg bei Le Hohwald und der Bewirtung dort siehe S. 224). Die Schneckenadresse auf dem Markt: *Ferme Auberge Escargot du Kochersberg* aus Mittelhausen, dort ebenfalls Bewirtung. *Ferme Le Kalblin* aus Fréland mit großem Angebot an Kräutern, medizinischen Pflanzen, Sirup, Marmelade, Schnaps, Essig. (Alle Fermeprodukte sind auch im Cellier des Montagnes in Hachimette erhältlich, s.o.)

Kurzum – ein reicher Markt, der sogar den großen Namen Strasbourgs ziert. So lobte Emile Jung vom Crocodil die „munter aussehenden Verkäufer", und die freundliche Stimmung, die sich „gleich auf die Kundschaft überträgt." In der Summe gehört der Marché des Producteurs zu den kulinarischen Institutionen am Oberrhein. Aufwärmen danach geht auch: gleich nebenan an der Place de la Grande-Boucherie in der Traditionsweinstube Strissel.

Im Reich der Sinne – auf dem Marché des producteurs

Marché des producteurs, Pl. du Marché aux poissons, Strasbourg
Marktzeit: samstagvormittags von 7 bis 13 Uhr.
Parken: entlang dem Quai des Bateliers oder im Parkhaus Bateliers.

■ **Die passende Einkehr** nach dem Besuch vom samstäglichen Erzeugermarkt: Zum Strissel oder Zum Vogel Strauß. Ein patinierter Weinstubenklassiker nur 100 Meter westlich vom Markt. Einfache, grundgemütliche Traditionswinstub (dokumentiert seit dem 16. Jh.). Strissel ist eine Legende mit täglich wechselnder Karte! Am besten zum Hocken und Schauen, kulinarische Grundregel beachten: nichts Warmes, eher auf einen Imbiß oder Sandwich. 5, pl. de la grande Boucherie, Tel. 0033-(0)3.88.32.14.73, RT: So, Mo.

Marlenheim
22
21
Strasbourg
20
F
Molsheim
Donon
1009
Schirmeck
19
Obernai
18
Mont-
St. Odile
784
Erstein
Gerstheim
17
Ried
Rhinau
16
15
St-Dié
14
Ste-Marie-
aux-Mines
Sélestat
Rhein
A5
Ribeauvillé
Bergheim
Fraize
13
Route des Crêtes
Riquewihr
Marckolsheim
Ill
Orbey
Kaysersberg
12
11
10
9
8
7
4
5
Colmar
Kaiserstuhl
Turckheim
6
Munster
Eguisheim
Breisach
Neuf-Brisach
3
Gueberschwihr
Petit Ballon
1267
Rouffach
Grand Ballon
1424
Guebwiller
Bad Krozin
Fessenheim
Soultz
Staufen
Ensisheim
Markgräfler-
A35
Thann
Cernay
Neuenburg
Müllheim
Land
Blauen
1165
Rixheim
Mulhouse
Burnhaupt
Kandern
A5
Altkirch
Lörrach
1
2

22 Bauernläden und Erzeuger

Käse, Butter	S. 262	1 2 5 8 10
Brot	267	4 9
Fisch, Muscheln, Austern	269	
Foie gras	272	3 16 17 19
Schnecken	274	21
Bauernläden	276	7 11 12 18 19
Schokolade	278	
Stoffe	280	13 14
Fabrikverkauf	282	6 15 22

Käse – **Au lait cru/Artisanal/Fermier.** Rohmilch ist unbehandelte, nichtpasteurisierte Milch. Die Milch, wie sie von der Kuh kommt. Durch das Pasteurisieren, also durch Erhitzen werden nicht nur schädliche Bakterien in der Milch getötet, sondern auch jene nützlichen, die für eine naturgemäße Käsereifung unerläßlich sind. Käse aus Rohmilch ist im Elsass verbreiteter als in Deutschland, er wird aber auch in Frankreich mehr und mehr von standardisierten Industrieprodukten verdrängt. Auch der Spruch mit den 365 Käsesorten ist ein Mythos, mehr als 100 überregional erhältliche Sorten sind es nicht mehr. Da bieten andere traditionelle Käseländer, wie z.B. Italien und die Schweiz, bereits die größere Vielfalt, besonders bei den lokalen Spezialitäten. Das Vordringen von Industriekäse ist seit Jahren besonders in den französischen Supermärkten zu

Eine Welt für sich: Ziegenkäse bei Jacky Quesnot, Colmar

beobachten. Dort liegen in den Käsetheken zwar noch -zig verschiedene Sorten, größtenteils handelt es sich aber um Schachtelware oder Durchschnittskäse, der aus großen Fabriken stammt. Von den 30 A.O.C.-Käsesorten, die den Kriterien einer kontrollierten Ursprungsbezeichnung genügen müssen (u.a. Herstellung aus Rohmilch), werden bereits 18 Sorten ausschließlich von der Käseindustrie hergestellt.

Rohmilchkäse, der industriell hergestellt wird, erreicht selten die Qualität eines fromage *artisanal* oder eines *fermier*. „Fromage fermier“ ist ein Käse aus einem Betrieb, der von der Milch bis zum fertigen Käse jeden Produktionsschritt selber macht; beim „fromage artisanal“ gibt es den Produzent und den Affineur (Verfeinerer), bei dem die Reife in speziellen Lagern stattfindet – je nach Käsesorte und Reifezustand

Charakterkäse – auf dem Marché des producteurs, Strasbourg

in unterschiedlicher Luftfeuchtigkeit. Zuhause verträgt der Rohmilchkäse das Kühlschrankklima nicht, besser ist es, ihn in den Keller oder an einen anderen kühlen Ort zu lagern, am besten in einer Käseglocke aus Steingut, die Feuchtigkeit speichert und den Käse vor dem Austrocknen bewahrt.

Butter – In Deutschland gibt es allerlei Sorten vom Neuseeland-Import bis zur irischen Landbutter – das Streichfett aus pasteurisierter Milch schmeckt aber nach nichts. Im Elsass gibt es noch Butter, die wie Butter schmeckt ! Auf den Märkten wird die offen als *beurre fermier* angeboten – diese Butter wird von Bauernhöfen hergestellt, durchweg aus Rohmilch. Auch in jedem guten Käseladen gibt es vorzügliche offene Butter *(à la motte)* – auch hier in der Regel aus Rohmilch. Und dann die verpackten Sorten: *beurre laitier*, sie kann aus pasteurisierter Milch oder aus Rohmilch hergestellt sein. Die Butter-Sorten können zudem unterschiedlich stark gesalzen sein: *salé* oder *demi-sel*. *Échiré* heißt eine der geschätzten Qualitäts-Buttersorten aus Fabrikherstellung.

Fromager | Käsehändler

1 **EPICERIE DE LA GRANGE** (Bioladen von Etienne und Agnès Fernex), 22 rue Principale, **68480 Biederthal,** Tel. 0033-(0)3.89.07.31.15.
Ladenzeiten: Mi und Fr 10-13 Uhr und 15-18.30 Uhr.
Bio-Ziegenkäse in allen erdenklichen Alters- und Gewürzklassen, Gemüse, Obst, Wein. (Seite 14)

2 **LUPPACHHOF, 68480 Bouxwiller,** 131, rue de Luppach (westl. Ferrette an der D473, am Ortseingang scharf links), Tel. 0033-(0)3.89.40.39.87
Verkauf ab Bauernhof.
Markt: Sa in St.Louis.
Bio-Ziegenkäse und -Kuhkäse. (Seite 15)

5 **FROMAGERIE SAINT-NICOLAS** (Familie Quesnot), **68000 Colmar**, 18, rue Saint-Nicolas (Fußgängerzone). Ladenzeiten: Täglich 9-12.30 und 14-19 Uhr, So und Mo-vormittags geschlossen. www.fromagerie-st-nicolas.com, Tel. 0033-(0)3.89.24.90.45. Degustation nach Anmeldung (ab 8 Pers.).
Märkte: Di in Sélestat; Mi in Soultz und Masevaux; Do in der Markthalle in Colmar und Mulhouse; Fr in Guebwiller und Ensisheim; Sa auf dem Josephsplatz in Colmar und in der Markthalle Mulhouse.
Bestes Rohmilch-Käseangebot zwischen Mulhouse und Strasbourg. (Seite 121)

8 **Graine au Lait/JACQUES HAXAIRE, 68370 La Croix d'Orbey,**
Tel. 0033-(0)3.89.47.50.76, www.haxaire.com
Ladenzeiten: Mo bis Fr 10-12 und 15-17 Uhr, Sa 10-12 Uhr.
Vormittags Vorführungen der Käseherstellung.
Munster fermier (eigener und von Bauernhöfen aus der Umgebung), außerdem Käse von pasteurisierter Milch.
(S. 133)

10 **PATRICK CHAIZE, 68370 Orbey/Basses Huttes**
Verkauf: Ferme du rain des chênes, Orbey/Basses-Huttes. (S. 234)
Märkte: Sa- und Do-Markt in Colmar; im Käseladen und Käsestand von Jacky Quesnot, Colmar (siehe dort).
Munster in verschiedenen Reifegraden, Bergkäse.

Farine de Blé
pour
Pain Tradition Française
GRANDS MOULINS BECKER
180, route de la Ganzau - 67100 STRASBOURG
88 40 14 55 - Fax : 88 39 61 74

Baguette – Was deutsche Tütenbäcker bieten, grenzt bekanntlich an Warenunterschiebung auf hundertundeine Art. Sesam-, Sechskorn-, Sovital- ja selbst vor AOK-Brot schreckt die Zunft nicht zurück. Der Wettbewerb der Backmischungen und Zauberpulver tobt mittlerweile grenzüberschreitend, also auch im Elsass. Das Baguette ist dort in der Breite ebenso verhunzt wie unser einstmals gutes, deutsches Wasserweckle, die Schrippe. Gute Bauernbrot- und Baguette-Quellen muß man auch im grenznahen Elsass suchen, aber es gibt sie. Schnell in den nächsten Hypermarché und ein paar Stangen unter die Arme, so einfach läuft die Sache mit dem savoir vivre aber nicht.

Boulanger | Bäcker

4 VINCENT LEY, 68320 Wickerschwihr (nordöstlich Colmar), 24, Grand Rue, Tel. 0033-(0)3.89.47.49.81.
Verkauf ab Hof (hier auch Speckverkauf): Mi bis Fr 8-12.30 Uhr und 15 - 19 Uhr. Märkte Colmar: Do- und Sa-vormittag.
Hervorragendes Kastenbrot, rundes Bauernbrot und lange Formen.

9 TURLUPAIN (Luc et Muriel Reuiller), 68370 Orbey
97, rue Tannach.
Märkte: Do-vormittag in Colmar, Sa auf dem Markt Canal Couvert in Mulhouse; Di und Sa in Sélestat.
Demeter-Brot: Sauerteigbrot (Dinkel- und Weizen) vom Holzofen.

CÔTÉ FOUR, Strasbourg (siehe S. 117)

PAUL – Ladenkette: Gutes Baguette, das runde Pain paysanne und fougasse, ein Fladenbrot aus Südfrankreich, nature, mit Oliven, Speck oder Anchovis. Paul-Filialen gibt's im Carrefour/Mulhouse; in Riedisheim an der Straße nach Mulhouse (rue Gustave Dolfuß/ rue du maréchal Joffre); in Colmar in der rue des cléfs. Weitere Standorte und genaue Angaben zu den verschiedenen Brotsorten auf der homepage: www.paul.fr

Aujourd'hui
6 huîtres gillardeau
n° 5 11.50€
6 huîtres gillardeau
n° 2 16.00€
Bon appetit !

Fisch, Muscheln, Austern – Wenn es um Seefisch aus Wildfang und um spezielle Meeresfrüchte geht, lohnt nach wie vor der Blick über den Rhein. Die üppigen Fischtheken der großen Elsässer Supermärkte gehören nach wie vor zu den Pilgerzielen deutscher Kunden, etwa *Cora* in Colmar oder *Carrefour* in Mülhausen an der Ile de Napoleon. Zu letzterem existiert allerdings mit der *Super U*-Filiale in Brunstatt eine überlegene Alternative. Französische Quellen bieten nach wie vor Besonderes: kapitale Dorade Royale aus Wildfängen, oder mal einen Heilbutt oder St. Pierre, um den herum sich ein ganzes Wochenende gestalten ließe. Größte Auswahl in der Regel zum Wochenende hin, ab Mi, spätestens Do (variiert aber je nach Saison).

Nochmal: Frische Fische riechen nicht nach Fisch, höchstens nach Meer! Sie haben eine glänzende Haut und klare Augen mit schwarz glänzender Pupille. Nebenbei: das Gerede vom „tagesfrisch eingeflogenen Fisch" das in einigen Nobelhäusern bemüht wird und von ahnungslosen Journalisten weiter transportiert wird, ist angesichts der kurzen Handelswege ein Witz. Es spielt längst keine Rolle mehr, ob eine Verkaufsstelle in Lyon oder in Mulhouse liegt, das sind gerade noch vier Stunden Unterschied per LKW. Solange liegt die Ware allein beim Umladen vom Flieger auf den LKW rum. Entscheidender ist, ob ein Laden an das richtige, effektive Vertriebsnetz angeschlossen ist – und hier gibt es große Unterschiede. Achten Sie auf das Prädikat: *Selon arrivage-pêche de petits bateaux,* nur von den Fängen der kleinen Boote küstennaher Fischerei, die täglich ausfahren. Oder stammt er von großen Trawlern, die oft wochenlang unterwegs sind. Als „frisch" darf der Fisch nämlich auch dann angeboten werden, wenn er von diesen Eurotrawlern kommt und mitunter schon eine Woche lang auf Eis lag.

Poissonnerie du Centre, Strasbourg

Weiter wichtig: Die Unterscheidung zwischen Fisch aus Aufzucht *(élévage)* oder aus Wildfang *(sauvage)*. Immer mehr Seefisch wird gefarmt. Nicht nur Lachs, sondern auch Dorade, Wolfsbarsch und andere Mittelmeerfische stammen mittlerweile aus der Zucht, die Art der Erzeugung und Region der Herkunft muß in Frankreich beim Verkauf angegeben werden.

Poissonnerie | Fischgeschäft

Poissonnerie Du Littoral, Markthalle **Mulhouse** (Di,Do,Sa), S. 244
André Lameille, Dieppe/Normandie, Markth. **Colmar** (Do), S. 248
Martin Thalgott, Marché des producteurs, Strasbourg (Sa), S. 257.
La Poissonnerie du Centre, Strasbourg (S. 182)

Gute Fischtheken in den Supermärkte Cora/Colmar; Carrefour/ Mulhouse (S. 46); **sowie hervorragend: Super U/Mulhouse-Brunstatt** (S. 73)

Elsaß am Meer: L'Alsace à Table, Strasbourg

Fischrestaurants – Sagen wir es höflich, eine differenzierte oder eine genuin mediterrane Fischzubereitung ist im Elsass nicht selbstverständlich. Ideenlose, nivellierende Sahnetunken gelten dagegen noch immer als Standardbegleitung, ganz nach dem Motto aller Schmierenköche: „Wo der Fond fehlt, ist die Sahne nicht weit." *À la Crème* als Allheilmittel. Artgerechte Fischzubereitung mit kurzer Garzeit und leichter Sauce – wie am Meer üblich – bleibt im Elsass die Ausnahme. Achtung auch vor der allgegenwärtigen *sole*, die Seezunge ist oft ein preistreibendes Standard-Gericht in der sogenannten gehobenen Gastronomie, oft gefrostet, da immer auf der Karte.

Eine Rarität, das gute Fischrestaurant mit zivilen Preisen:

Bistrôt à Huîtres, Mulhouse (S. 67)
Aux Trois Poissons, Colmar (S. 111)
L'Alsace à Table, Strasbourg (S. 190)
La Cambuse, Strasbourg (S. 191)

In der Fressgass, Strasbourg

Foie Gras – Die klassische Elsässer Spezialität Gänseleberpastete kann gut sein, muß nicht. Oft dient die Applikation einer Spur foie gras auch nur der Erhöhung des Weihevollen, ein preistreibender Kult – ähnlich wie das Auftrüffeln im Piemont.

Foie: Leber
Foie gras d'oie – Gänsestopfleber
Foie gras de canard – Entenstopfleber

Merke: *Bei foie gras gibt der Preis Gas.*

Ideologie, Qualität und Konsistenz: Mitunter besteht in evangelischen Landesteilen ein gewisses Ressentiment gegenüber der Foie gras, genauer gegenüber der speziellen Masttechnik, die zur begehrten Stopfleber führt. Die moralische Diskussion Tierquälerei ja/nein, mästen im Elsass, in Ungarn oder in China sei an dieser Stelle übersprungen. Gleich weiter zur *Qualität*: Foie gras ist vielen nur als trapezförmige Konserve ein Begriff: ein nettes, kleines Büchslein, das in Geschenkkörben verstaut wird. Dabei wäre der Jubilar

Der Gänsemarkt – Andreas Barth (1916-1990)

mit einer ordentlichen Leberwurst oft glücklicher. Mit richtiger foie gras haben diese Konserven wenig gemein.

Beste Stopfleber heißt entweder *foie gras entier* (die ganze Leber wurde verarbeitet) oder *foie gras* (Stücke von der Leber). Andere foie gras enttäuscht meist: *bloc de foie gras* (100%ig pürierte Stopfleber); *paté de foie gras* (enthält einen Kern von Stopfleber, von 50% des Gesamtgewichts).

Foie gras d'oie (Gänseleber) ist fetter und fester als die *Foie gras de canard* (Entenleber) und gilt gemeinhin als die delikatere. Dagegen ist die Entenleber geschmacksintensiver und hat eine schönere Farbe. Deshalb wird auch gerne gemischt: halb Gans, halb Ente. Ein Meister darin: Marcel Metzler vom Restaurant Goldert in Gueberschwihr (Seite 77).

Am Rande: Weltweit werden jährlich 17.000 Tonnen Stopfleber hergestellt. 95% stammen von Enten, 5 % von Gänsen. 80 % der Rohlebern stammen aus Frankreich (hauptsächlich aus dem Périgord und dem Elsaß). 17 % importieren die Franzosen aus Bulgarien, Ungarn, Polen und Canada.

Foie gras | Gänse-/Entenstopfleber

3 **LE GOLDERT** Restaurant und Traiteur (Fam. Metzler), 68420 Gueberschwihr, 2, rue Haute, Tel. 0033-(0)3.89.49.24.76.
Foie gras; Spezialität „canoie" (halb Gans, halb Ente).
Seite 77.

16 **MIREILLE**/E.A.R.L. du Héron Cendré (Mireille Issler), 67860 Boofzheim, 22, route de Colmar, Tel. 0033-(0)3.88.74.60.92.
Mo bis Do: 9-12/14-18 Uhr, Freitag 9-19 Uhr, Sa 9-17 Uhr.
Foie gras, ganze Ente, Rilletes, Rindfleisch, Obst, Konfitüre.
S. 154.

17 **Ferme Auberge DU KREUZWEG** (Florent Hisler, Christophe Flajolet), 67140 Le Hohwald, Tel. 0033-(0)3.88.08.35.00
Fermegasthaus auf 768 Meter Höhe unterhalb vom Col du Kreuzweg bei Le Hohwald. Dort auch Bewirtung (div. Enten- und Wildschweingerichte (Mo geschl., in der Nebensaison unter der Woche nur mittags.
Märkte: Strasb., Marché des producteurs (Sa); Colmar (Do, Sa).
100% canard (Ente) – ohne Farbe, ohne Konservierungsmittel, ohne Pökelsalz.

19 **Ferme Schmidt,** Bischoffsheim (siehe S. 277)

Schnecken – Die Zeiten, als man nach einem warmen Sommerregen zum Sammeln in die nahen Weinberge ausschwärmte – unbehelligt von Naturschutz und Freizeitdruck – die alten Zeiten sind auch im Elsass längst vorbei. Heute kommt die Schnecke aus der Dose oder – im Kombipack mit Kräuterbutter und Alueinmalpfännle – aus der Truhe. Geschätzte, besonders feiste Schnecken stammen aus dem Burgund, oder sie wurden zumindest dort eingedost (China schläft nicht). Gleichwie: die meisten Schnecken werden heute gefarmt. Schnecken im Haus serviert sind schöner anzusehen, verlangen aber Mehrarbeit bei der Reinigung sowie

Alles Schnecke: Ferme Kochersberg auf dem Markt in Strasbourg

Spezialgerät und etwas Geschick beim Essen, deshalb wird das obligatorische halbe Dutzend immer öfter in der Tonkachel serviert. Blasenwerfend heiße Knoblauchbutter und reichlich Baguette gehören untrennbar zur Schnecke.

→ Schnecken als Vorspeise, klassisch und gut gemacht z.B. im Traditionshaus L'Aigle D'Or, Osthouse.

21 Ferme Auberge Escargots DU KOCHERSBERG (Agnès und Bernard Kolb), **67170 Mittelhausen/Brumath**, 3, rue des Roses (Ortsmitte), Tel./Fax: 0033-(0)3.88.51.40.33.

Verkauf im Hofladen: Mi, Fr, Sa von 14 bis 19 Uhr. Bewirtung auf der Ferme nur nach tel. Anmeldung jedes erste Wochenende im Monat.

Markt: Sa auf dem marché des producteurs in Strasbourg – außer Juli und August.

Zucht-Schnecken und Allerlei auf Schneckenbasis: beurre d'escargots; choucroute aux esc.; quiches und tourtes.

Bauernläden

7 LE CELLIER DES MONTAGNES, 68650 Hachimette, Ancienne Gare, Hachimette (von Colmar auf der RN 415 Richtung St.Dié/ Nancy). Tel. 0033-(0)3.89.47.23.60.
Ladenzeiten: Tägl. außer Di, auch So 9-12.30 und 14.30-19 Uhr.
Biolog. dynamisch erzeugte Produkte von 11 Bauernhöfen aus der Umgebung. (S. 253)

11 LA FERME DU PRÈS DU BOIS, 68370 Orbey-Basses-Huttes, Tel. 0033.(0)3.89.71.22.11.
Ladenzeiten: Tägl. geöffnet, auch sonntags. Märkte in Sélestat.
Ziegen- und Bergkäse, Kuhmilchfrischkäse, Munster fermier, Butter, Kuhmilch-Joghurt und Marmelade in großem Angebot: Heidelbeer, Brombeer, Waldhimbeer (!) und Sauerkirsch. (S. 134)

12 Ferme LE KALBLIN (Marie-Claude und Serge Wurtz), **68240 Fréland,** Tel/Fax 0033.(0) 3.89.73.91.69.
Verkauf: im Cellier des Montagnes in Hachimette (siehe oben 7).

Sortiment mit 80 Wildkräutern, Ferme le Kalblin, Fréland

Markt: Marché des producteurs, Sa in Straßburg
Teekräuter, medizinische Pflanzen und Gewürze (über 80 Wildkräutersorten von den Hängen der Umgebung), Sirup, Apfelsaft, Marmelade, Schnaps, Essig.

18 Ferme GOETTELMANN, 67210 Meistratzheim, 309 rue Principale, Tel. 0033-(0)3.88.95.56.24, www.ferme-goettelmann.com
Märkte: marché des producteurs, Strasbourg Sa; Di und Sa in Sélestat. **Feinkost vom eigenen Hühner- und Gänsehof** (darunter pâté en croute truffé au foie gras de canard, die pure Foie Gras de canard entier tourtes et terrines de volaille etc.).

19 Ferme SCHMITT, 67870 Bischoffsheim (nördl. Obernai), 19, rue du Ried, Tel. 0033-(0)3.88.26.67, www.ferme-schmitt.fr
Verkauf im modernen Laden in Bischoffsheim: Mo bis Sa 8-12 und 14 -18 Uhr.
Märkte: Sa marché des producteurs Strasbourg, Do in Colmar.
Geflügel, Fleisch, Hühner, paté en croute, foie gras.

Der diskrete Reiz der Chocolaterie: Jacques, Mulhouse

Chocolatier – Der geschmackswichtige Anteil an Kakaobutter wird bei minderen Qualitäten oft durch billigere pflanzliche Fette gestreckt. Darüber gab es in den letzten Jahren einen EU-Streit, der nun zum Vorteil der Großproduzenten entschieden ist – es darf gestreckt werden. Viele Chocolatiers weisen deshalb extra auf *„pur beurre de cacao"* in ihren Rezepten hin. Der Kakaogehalt sollte sich zwischen 55 und 75 Prozent bewegen – Zartbitter/Halbbitter liegen um 55 %, Edelbitter bis 70%. Abnehmender Kakaogehalt wird oft durch Zucker ersetzt, d.h. eine *dunkle* Schokolade mit weniger als 50 % Kakaoanteil ist minderwertig, zu süß oder mit hohem Anteil an pflanzlichen Fetten versetzt. Dagegen ist eine Schokolade mit mehr als 90 % kaum mehr genießbar, sie wird normalerweise nur als Backschokolade verwendet. Weitere Kriterien für gute Schokoladenqualität: glänzende Oberfläche, samtige Farbe und intensiver Duft. Beim Abbrechen soll ein trockenes Knakken zu hören sein.

Couverture: Der Grundstoff wird – bis auf sehr wenige Ausnahmen – nicht mehr vom jeweiligen Chocolatier selbst hergestellt, sondern von speziell ausgerüsteten Fabriken industriell gefertigt. Dabei wird nach verschiedenen Rezepturen gearbeitet, die sich nach Sorte und Anbauort der Bohnen und dem Kakaogehalt unterscheiden. Der Chocolatier kann also bei der Wahl der Couverture nicht nur zwischen Bitter- und Milchschokolade auswählen, sondern die genaue Zusammensetzung bestimmen. Ein wichtiger Lieferant ist die französische Firma *Valrhona* in L'Hermitage, die selbst ausgezeichnete Tafelschokolade herstellt.

Chocolatiers (im Buch beschrieben)

JACQUES (G. Bannwarth), **Mulhouse**, www.patisserie-jacques.com (S. 66)

Thierry MULHAUPT, **Strasbourg**, www.mulhaupt.fr (S. 189)

CHRISTIAN, **Strasbourg**, www.christian.fr (S. 188)

GRIMMER, **Colmar/Wintzenheim**, www. chocolatiergrimmer.com (S. 122)

Beauvillé, Ribeauvillé

Etoffes | Stoffe

13 **BEAUVILLE**, 19, route de Sainte-Marie-aux-Mines, **68150 Ribeauvillé**. Tel. 0033 (0)3.89.73.74.74, www.beauville.com

Ladenzeiten: Mo - Sa von 9 - 12 und von 14 - 18 Uhr.

Hochwertige Stoffe, Vorhänge, Tischdecken, Servietten in Elsässer Mustern des 18. und 19. Jahrhunderts.

(Seite 94)

Leinenweberei Gander, Muttersholtz

14 **Weberei GANDER** (Michel und Chantal Gander), 2, rue de l'Etang, **67600 Muttersholtz,** 13, rue de Verdun, Tel. 0033-(0)388-85.15.32.

Ladenzeiten: Mo bis Sa 14-17 Uhr.

Traditionelle Elsässer Leinenstoffe.

(Seite 147)

Schweres Gerät: Baumalu, Baldenheim

Fabrikverkauf

6 **STAUB, 68230 Turckheim,** 2, rue St. Gilles. Tel. 0033-(0)3.89.27.77.71, www.staub.fr

Ladenzeiten: Di bis Sa 10-12.30 und 13-18.30 Uhr.

Gußeiserne Casserollen und Töpfe in allen Größen, außerdem Fonduegeschirr, Gratinierformen und Gugelhupfformen aus Keramik. Vgl. auch Seite 85.

15 **BAUMALU**, 20, route de Schwobsheim, **67600 Baldenheim**
Tel. 0033-(0)3 88 85 31 35, www.baumalu.fr

Ladenzeiten: Di bis Fr 10-12 Uhr und 14-18.30 Uhr; Sa 10-17 Uhr.

Haushaltsgegenstände, Pfannen, Töpfe und cocottes.

Sonderverkauf anfangs Oktober (genaue Termine erfragen). Vgl. auch Seite 145.

Heschung-Fabrikverkauf in Dettwiller

22 HESCHUNG (Magasin de Vente de la Manufacture Heschung), **67490 Dettwiller** (ca. 40 km nördlich Straßburg), Route de Saverne, Tel. 0033-(0)3.88.71.99.96, Fax: 0033-(0)3.88.91.45.10, www.heschung.com.

Ladenzeiten: Di bis Fr 9-12 und 13.30-18 Uhr, Sa 9-18 Uhr.

Hochwertige Damen-, Herren- und Kinderschuhe.

Ganzjährig günstige Fabrikpreise und zweimal im Jahr zusätzlich um 30 Prozent reduzierte Angebote (Januar/Februar und Juli, genaue Termine tel. erfragen). Vgl. auch Straßburg, Seite 180.

Mahlzeit mit Tomi Ungerer, im Restaurant Pont du Vosges, Strasbourg

Spezialitäten und Legenden

Baeckoffa, Baeckeoffa – Die Legende: Nach dem Brotbacken in der Früh reichte die Wärme im großen Ofen des Bäckers immer noch zum Schmoren dessen, was die Hausfrauen in den Tontopf legten. Oder so: Am Sonntagmorgen wurde der Baeckeoffa auf dem Weg zur Kirche beim Bäcker abgegeben und auf dem Rückweg wieder abgeholt.

Auf jeden Fall hinein gehören: Schwein, Lamm, Zwiebeln, Lauch und Kartoffeln. Das Ganze wird dann mit Fleischbrühe und Weißwein aufgegossen und mindestens drei Stunden im irdenen, jawohl irdenen! Topf geschmurgelt. Heute überwiegen in der Gastronomie schon mal die Kartoffel und das Fette als Solches. Gut gemacht ist Baeckoffa ein deftiges Vergnügen, aber wer will sich (außerhalb von Gaisburg & Pichelstein) allein mit Kartoffeln und Fleisch sattessen? Und mit Kirchgang und Brotbacken läßt es ja auch nach.

Bibiliskäs, Fromage blanc à la paysanne – Der quarkähnliche Frischkäs wird kühl, zusammen mit den G'schwellten (Pellkartoffeln) gegessen oder süß, z.B. mit Zwetschgenkonfitüre gemischt.

→ **Guten Bibiliskäs** gibt es u.a. im *Morakopf,* Niedermorschwihr; *Ferme Kastelberg,* Route des Crêtes.

Carpe Frite – Ein Traditionsgericht, nicht nur in der „Sundgauer Seenplatte", wo Karpfen in kleinen Weihern gezüchtet werden, sondern im ländlichen Elsass allgemein. Fritierte Karpfenstücke, in Größe und Form so etwa wie ein kleines Lammkotelett, mit Mayo und grünem Salat, das ist der Standard. Carpe Frite wird in Ausflugsrestaurants von Schnapsbacken gern mit „Karpfen mit Fritten" übersetzt, einige Wirte haben kapituliert und servieren entsprechend. Abgesehen davon wird der Karpfen nicht immer so behandelt, wie es ihm gebührt: Er muß frisch sein, kurz vor der Zubereitung möglichst noch ein paar Tage in quellfrischem Wasser geläutert (sonst gerne muffig, der Karpfen ist ein Gründler). Und dann in einer dünnen ! Teig- oder Panitüreschicht gewendet, ob am besten in Bier- *(à la bière)* oder Griesteig *(à la semoule)* – da gehen die Meinungen auseinander. Keinesfalls zu unterschätzen sind die festen Gräten: sofort raus damit oder mit trocken Brot runterwürgen! Noch was: Hochsaison ist im Herbst, wenn die Fischzüchter ihre Teiche abernten. In den Laichmonaten April und Mai kommen Karpfen höchstwahrscheinlich aus der Eistruhe. Üppige Beilagen sind nicht angebracht, sie lenken nur vom Fischgenuß ab. Ein schöner grüner Salat, mit spitzer Säure angemacht, genügt schon. Höchstens noch eine Kartoffel, die wie jede gute Beilage nicht sättigt, sondern eine Geschmackspause setzt. Dazu gehören natürlich Baguette und eine frisch geschlagene Mayo.

→ Wo die Mayo zum (guten) Carpe frite nicht aus dem Eimer kommt, sondern gerührt wird: *Du Rhin,* Chalampé; *De la Couronne/Hartmann*, Carspach; *Ritter*, Dannemarie; *Trois poissons,* Colmar.

Nouvelle Choucroute est arrive !

▪ **Fundsache**: „Die erforderliche Konzentration, deren Notwendigkeit mit der Züchtung grätenarmer Karpfen leider geringer wird, verhindert das Aufkommen banaler Tischgespräche über das Wetter, den Preis des angebotenen Weines und die Automarken vor dem Haus; beides scheint mir neben dem lockeren Fleisch und dem zarten aber selbständigen Geschmack der größte Vorzug des Karpfenessens zu sein." GUNTRAM VESPER (über den Genuß von Karpfen blau).

Choucroute, Suurkrut – Vor knapp 40 Jahren gab es im Département Haut-Rhin sechs Choucrouteries und im Territoire de Belfort nochmal sechs. Heute ist nur noch eine einzige Sauerkrauterei übriggeblieben: die biologisch arbeitende *Choucrouterie Claude* in Chavannes-sur-l'Etang, auf halbem Weg zwischen Altkirch und Belfort. Dort werden 1800 Tonnen Weißkohl zu 900 Tonnen Sauerkraut verarbeitet. Ausgesät wird Mitte März, geerntet werden die ersten Kohlsorten schon Anfang Juli, die letzten im November. Nach der Ernte wird der Kohl in feine Streifen gehobelt, gesalzen und in große Gärfässer gefüllt. Nach der milchsauren Gärung (nach ca. 3 Wochen) wird die Masse gepreßt und als Choucroute du

Sundgau verkauft, zum Großteil roh und zum Großteil in der Region. Schilder verkünden dann beaujolaismäßig: „Nouveau Suurkrut est arrivée". Elsass und Sauerkraut – ein unschlagbares Doppel der Tourismuswerbung.

In der Küche gilt: zart, frisch-säuerlich und ein wenig al dente sollte das Kraut sein, soweit herrscht Konsens. Beim Zubehör trennen sich die Welten: *à l'alsacienne* bzw. *royale* heißt immer: Sauerkraut satt als Fundament, darüber reichlich Feistes, durchaus mal 300-400 Gramm Schweinernes pro Person: diverse Würste (gerne auch kurze, dicke „Wiener", die im Elsass „Straßburger" heißen), wichtig auch ein Schweinshäxele (Wädele), ein Riemen Bauchspeck, manchmal auch noch Lewerknepfle (Leberspätzle) als Supplement. Eine Kalorienbombe halt. Ohne die fetten Würste kann Sauerkraut auch eine ebenso leichte wie universelle Beilage abgeben – die sogar Fisch passabel begleiten kann und sich bis in die Sterneküche hochgearbeitet hat – besonders zu Zander, bürgerlich auch zur Forelle.

Coq au Riesling – Traditionsgericht, das, gut und sorgfältig gemacht, manchen Dialog an, von und zu um Längen schlägt. Aber mit einem Hahn in Riesling kommt man weder links noch rechts des Rheins in die Gourmetzeitschriften, Medienköche beachten dies. *Ein Trick*: Fleischstücke nach dem Anbraten mit Cognac ablöschen und erst dann im Riesling weiterschmoren.

Crudités, Rohkost – Die französische und oft bessere Interpretation unseres „bunten Salattellers". Leider nicht immer frisch gemacht und oft etwas phantasiearm als reines Quartett aus Wurzelsalaten präsentiert. Immer mit dabei: Weißkraut, Sellerie, Karotten und rote Beete. Erweiterungen und Varianten bleiben leider mehr und mehr aus, deshalb der ungebetene Rat an Maître Hinz und Kunz: Schlag mal nach bei Escoffier – und vergiss niemals: reichlich Dijon-Senf in die Vinaigrette!

Frisch und dünn muß sie sein: Tarte flambée

Flammekuche, Tarte Flambée – Krachdünner Flammekuchen aus dünnem Brotteig knusprig bis an die Grenze gebakken kann eine Offenbarung sein. Der Belag besteht aus Quark, Rahm, Zwiebelringen, feinsten Speckstreifen (Dickfinger, begreift endlich: Oberfläche = Aroma!), Salz, Pfeffer und Muskat. Wie immer bei volkstümlichen Gerichten gibt es zahlreiche Varianten. Der original Flammkuchen wird im Holzofen bei hoher Temperatur gebacken, meist erst abends, er muß frisch aus dem Ofen kommen, möglichst in zwei oder mehr Durchgängen serviert. Genußprinzip wie bei guter Pizza: Krachender Biß, schmelzender Belag. Leider werden vorfabrizierte, tiefgekühlte Imitate immer häufiger.

Das inflationäre Aufkommen der Flammkuchenbräter – man beachte Colmars Innenstadt zur Touristenzeit – hat direkt mit der Verbreitung der Tiefkühl-Plagiate zu tun. Brüder, die es gut mit dem Flammkuchen meinen, haben eine Gesellschaft gegründet: „La Confrèrie de la Véritable Flammkuche" – wo dieses Schild hängt, ist mit einem gewissen Standard

(Holzbackofen) zu rechnen. In vielen Touristenlokalen der Winzerorte lappt der Flammkuchen nur traurig vom Teller, belegt mit Speckwürfeln der Kantenlänge 1 (cm), bestrichen mit pastöser Schmiere, liegt er im Magen wie Kleister. Im Sundgau ist Flammkuchen nicht ganz so verbreitet wie im Elsass.

→ **Guter Flammkuchen** natürlich aus dem Holzbackofen: *Le Coucou au bois*, Strasbourg; *Côté Four*, Colmar.

Les Fleischschnaka – Wörtlich „Fleischschnecken", eine Elsässer Interpretation von Ravioli. Ursprünglich eine Spezialität des südlichen Elsaß, speziell um Mulhouse – heute stehen sie im ganzen Elsaß auf der Karte. Das Gericht hört sich etwas bedrohlich an – und ist es oft Im Grunde eine Hackfleischroulade mit Zwiebeln und Petersilie in Nudelteig. Leider gerät der Teig meist zu dick, die Fleischeinlage einfach nur mastig – und Petersilie fehlt in der Regel auch noch. Wie viele traditionelle Gerichte eine Nagelprobe.

→ Sehr gut in der Metzgerei/Restaurant *Metzgerstuwa* in Soultz.

Froschschenkel *(cuisses de grenouilles)* – stammen schon lange nicht mehr aus dem Elsass, da verboten. Importierte Beinchen kross fritiert gibt es in einigen – seltener werdenden – Elsässer Wirtschaften und ein treues Publikum dazu. Zum Beispiel bei:

→ Ferme Auberge *Le Paradis*, Strueth; kernig und klassisch, was Ambience und Service betrifft: *Au Bord du Rhin*, auf der Rheininsel bei Erstein/Gerstheim.

Gugelhopf, -hupf oder Kouglof – So etwas wie ein Nationalgebäck, pardon Regionalgebäck, der Elsässer. Im Glücksfall ein zartgelber, luftiger Napfkuchen, der angeblich zu fast allen Gelegenheiten paßt. Realiter oft eine trockene, bröselige Provokation. Gugelhupf und Elsass ist wie Bollenhut und Schwarzwald. Tradition oder Unsinn? Im Zweifelsfall ausprobieren.

Auch so ein Elsass-Memorial: Gugelhupf

Haeberlin – Illhaeusern. Dazu ein paar Erfahrungen eines altgedienten Gourmets: „Am schönsten ist Tisch 16, er liegt in der Kanzel." Von einem Stuhl dort – genannt „Frauenstuhl" – kann frau zweierlei Treiben beobachten, zum einen draußen die beruhigend dahinfließende Ill, zum anderen drinnen den mehr oder minder ruhig strömenden Luxus. Weiter mit den Erinnerungen aus dem Illhäusern der 50er Jahre – es gab damals: „Ein Viertel Hahn frisch aus dem Ofen, dazu selbstgeschnittene Pommes und einen wunderbaren grünen, sorgfältig parierten Blattsalat." Nach der Tafel ging es in munterer Runde zur Kahnpartie auf die Ill, „wo's Bootle dann gerne mal umgekippt ist." Wegen der Damen, oder des Rieslings, oder beidem. Ein paar Jahre später kam solch einfache Lebensfreude schon seltener auf:

Awer für de sakrale Moment ze erläwe, muess mer, am Anfang vum Service sitze un beobachte, wie die elegant angezögjene Litt, wo rin komme, zerscht emol stehn bliewe un de Raum uffnämme (meinsch dü bisch in Rom in de Chapelle Sixti-

ne). Un di Pilger schmecke alli noch so guet… hauptsäcxhlich d'Fraue, mer spiert direkt, dass ihri decolletierte Attribute vor ere Stund noch im Badedas geschwappt han. An diesem ‚heiligen' Ort tröje sie küm ihre Name üsszuspreche. – „Vous avez réservé?" sagt de Jean Pierre. Un sie flüschtere: „Ja, Elektro-Müller, Pforzheim, wir haben vorbestellt" – oder: „Ciba-Geigy, Hoffmann-La Roche". GERMAIN MULLER in seiner Kolumne „Waggisdätsch" in der Basler Zeitung, anno 1982.

Uns Kostverächtern bleibt der Trost aller Zaungäste, Hummer „Prince Vladimir" allein macht nicht glücklich. Schauen Sie doch einfach mal den ankommenden Gästen in die Augen. Beim Betreten einschlägiger Restaurants gleichen ihre Mienen mitunter dem Gesichtsausdruck unmittelbar vor dem Zahnarztbesuch. Kann aber auch nur Einbildung sein. Trotzdem, ein geschobener Kapaun und hinterher a weng Bootle fahren, das wäre bis heute das freudvollste Menü. Aber darum geht es in Illhäusern schon lange nicht mehr.

→ *Auberge de L'Ill,* rue de Collonges au Mont d'Or, 68970 Illhäusern, Tel. 0033-(0)3.89.71.89.00, www.auberge-de-l-ill.com.

Matelote – Ihre Heimat liegt im Ried, eine flache Feuchtwiesenregion nördlich Colmar, zwischen Ill und Rhein. Wäre die Welt noch in Ordnung, wäre die Matelote eine Spezialität aus frischen Süßwasserfischen: Hecht, Forelle, Zander, Barsch, Schleie, Aal, auf den Punkt gegart, in sahne-eigelb-gebundener Rieslingsauce angerichtet (feingehackte Schalotten dürfen nicht fehlen). Gut gemacht ein Genuß, heute aber öfter nur ein Vorwand, um aus Fischresten und Gefrorenem eine hochpreisiges Traditionsgericht in mastiger Sauce zu basteln.

Ähnlich wie beim Carpe frite und beim choucroute gibt es auch eine Association (Association le Ried – Pays de Matelote), die sich um die Qualität kümmert. Erkennbar an einer Blechtafel mit Gabelfischsymbol am Gasthauseingang. Einzelne Mitglieder der Gruppe tragen freilich eher zur weiteren Demontage der Legende bei.

Entscheidend is' auf'm Teller

→ Wo die matelote Tradition hat: in den Dörfern des Ried, z.B. in Rhinau.

Menu du Jour, Plat du Jour – Die unkomplizierteste und oft die preiswerteste Art, in einem bürgerlichen Haus zu essen. Serviert wird ein täglich wechselndes Mittagsmenu (meist 3 Gänge, oder nur das Hauptgericht als *Plat du jour*) zu günstigem Preis. Ein Mahl, das den Geldbeutel schont und, da frisch gekocht, meist auch zügig serviert wird. Wo es kein Tagesmenu gibt, droht Gefahr in Form von erzwungenem Aufwand: Wer möchte mittags schon eine Zwangsveranstaltung mit festgelegter Liturgie absolvieren. In einzelnen Häusern sind Tagesmenu oder Tagesteller nicht extra auf der Standardkarte, man muß danach fragen. Ein Schelm, der Böses dabei denkt.

Onglet – elsässerdeutsch „Lumel“, das Metzgerstück. Ein speziell geschnittenes Stück in Höhe des Zwerchfell vom Rind (kurzgebraten, dünn aufgeschnitten, sehr saignant). Auf unserer Speisekarte unbekannt. Der Legende nach früher das Lieblingsvesper der französischen Metzger gleich nach der Schlachtung – möglichst noch warm zubereitet. Aber welcher Schlachter vespert heut noch im Schlachthaus? Die Zubereitung in den Restaurants ist unterschiedlich: entweder wird lange geschmort oder kurz gebraten, am Stück serviert oder in Scheiben aufgeschnitten und innen noch schön saignant. In jedem Fall ein fundamentaler Fleischgenuß ohne Zierleisten.

→ **Onglet** – natürlich in der *Metzgerstuwa* in Soultz.

Pastetenpresse – Sie bastelt weiter am kulinarischen Ruf des Elsass, als sei nichts gewesen. Seit Jahren die üblichen Verdächtigen: Eine Ode an Illhäusern, Münsterkäs und Gwürtztraminer. Dazu zusammengegoogelte Lobhudeleien à la *Schlaraffenland der Gourmets, Garten für Genießer* und so fort. Ein Ende der Hofberichterstattung ist nicht in Sicht. Für die kulinarischen Standards abseits der -zigfach reportierten Adressen, für Neues und Originelles interessiert sich kaum jemand der Hofschranzen. Beschämend.

Pot au Feu – eines der Traditionsgerichte im Elsass. Angeblich kam der Pot au Feu in Straßburger Klöstern im 17. Jh. mindestens einmal die Woche auf den Tisch. Klassisch auch zu wichtigen Familienfeiern von Taufe bis Beerdigung. Serviert wird in zwei Etappen: zuerst die Brühe (gerne mit Markklößchen oder Markknöpfle), dann das Suppenfleisch mit grobem Salz *(sel gros)* bestreut. Als Beilage zum Fleisch fast zwingend: diverse Salate, serviert in separaten Schüsselchen. Bis zu sieben dürfen es bei einem „pot au feu de luxe“ schon sein, allerdings keine Blattsalate, sondern aus rohem und gekochtem Wurzelgemüse.

Reis – Elsass und Reis passen einfach nicht zusammen. Von alten Elsässern hört man, sie möchten den Asiaten „nichts wegessen', andere haben Angst „Schlitzgickele" zu bekommen – soweit die Vorurteile. Die Praxis: Reis kommt im ganzen Elsass oft aromafrei und zu weich auf den Teller, à la Krankenhaus.

Riesling – Die Paradesorte des Elsässer Weinbaus wird in der Regel barocker, üppiger und alkoholschwerer ausgebaut als die schlanken, eleganten deutschen Rieslingweine, die wieder den Ruf haben, den sie verdienen. Weinqualität ist ohnehin ein schwieriges Kapitel im Elsass, wo Spitzenqualität und nett aufgepepptes Massenprodukt in buntem Wechsel angeboten werden. Wichtige Faustregel für Freunde der frischen, eher leichten Weine: Im nördlichen Elsass haben die Weine im allgemeinen (nicht immer) etwas weniger Alkohol und mehr Säure als weiter südlich, wo es oft – für unseren Geschmack zu oft – in Richtung gefälliger Dutzendware geht. Man kann es kurz machen: wer einen der heute üblichen Elsässer Rieslinge schätzt – duftig, blumig, etwas restsüß – der wird einen modernen deutschen Riesling kaum mögen, umgekehrt ist es ebenso. Für Sylvaner und Pinot blanc (Weißburgunder) gilt Ähnliches. Die Autoren erklären sich bei diesem Thema als befangen, uns schmecken die frischen, säurebetonten badischen Weißweine einfach besser. Und einen tatsächlich trockenen, also restlos durchgegorenen Weißwein findet man im Badischen viel eher als im Elsass, wo mit Chaptalisierung, Restsüße und Entsäuerung überaus virtuos hantiert wird. Eine kleine Merkfigur am Rande: Elsässer Weine = Rubensweine. Deutschen Weißwein gibt es bereits ab Größe 36!

Roigabrageldi – auf Schriftdeutsch: Rein-ge-bratene. Also eine Art Bratkartoffeln von rohen Kartoffeln und somit eine Sättigungsbeilage. Siehe auch Kapitel Fermes Auberges.

Routes Touristiques – eine Art Honigpapier für Umherschwirrende. Auch ein Sammelplatz für Busse und Videoträger. Ruhigere Geister meiden „Routes Touristiques' zumindest

Straßburger Legende: Winstub Le Clou

an Wochenenden, im Besonderen: die *Route des Crêtes,* die Kammstraße (von *Cernay* über den *Col du Bonhomme* bis nach *Saint-Marie-aux Mines*) und die *Route du Vin,* der alle Reiseführer auf's Wort folgen. Sie schlängelt sich demnach „von *Thann* bis *Marlenheim* durch das hügelige Vorland der Vogesen". Im Vergleich zu diesen beiden Routen wirkt die *Route de la Carpe frite* im Sundgau schon ziemlich verlassen.

Schiffala – Geräuchertes und gepökeltes Stück von der Schweineschulter. Schiffala kommt meist mit Kartoffelsalat. Als Zwillingsbruder vom alemannischen *Schäufele* konfrontiert einen das Schiffala mit dem gleichen Grundproblem: aus einer schlechten Sau wird kein gutes Schäufele.

Schwob – heißt im Elsass jeder Deutsche, damit muß der Badener leben. Ist aber nicht bös' gemeint.

Siasskas – der Dessertklassiker beim Melkermenue der Fermes Auberges: ein frischer Munster vom Morgen desselben Tages mit Zucker bestreut und einem Schluck Kirschwasser.

Sommelier – Ein verantwortungsvoller Beruf, der ein wenig an den des Maklers erinnert: Wo ein Sommelier auftaucht, wird's gern vollmundig und gerne auch ein wenig teurer. Ein schwerer Beruf dazu. Der Sommelier kämpft schließlich an zwei Fronten: Hier sein Lager- oder besser Kellerdruck, dort ein Heer von Edelzwicker-Ignoranten. Nichts gegen die Kultivierung des Weingenusses und Information der Kundschaft, aber ging's nicht auch eine Nummer kleiner? Wann kommt es zur Abspaltung selbstständiger Bier- und Mineralwasserberater? Wäre es zuviel verlangt, vom ordinären Service eine treffende Aussage zur Güte der angebotenen Weine zu erwarten?

Störche – gehören zum Elsass wie Hansi und Geranien. Mindestens 4.000 soll es im 19. Jh. gegeben haben, aber da war der Rhein noch nicht so reguliert. Anfang der 60er Jahre nisteten noch 145 Storchenpaare auf elsässer Kirchtürmen, dann reduzierte sich ihre Zahl, 1974 wurden nur noch neun Paare gezählt. Einer der Hauptgründe für den Rückgang: trockengelegte Feuchtwiesen. Auf den kilometerlangen Maisäckern finden die Störche nichts zu fressen, Frösche und Kleingetier passen nicht zur intensiv bewirtschafteten Agarlandschaft. Auch überleben viele Störche den Flug in den Süden nicht, sie bleiben in Stromleitungen hängen, fressen vergiftete Beute, werden abgeschossen oder sterben. Nur 5 Prozent kehren von ihrer Reise nach Südeuropa oder Afrika zurück. Ein Elsaß ohne Störche geht aber nicht, also wurden Aufzuchtgehege gegründet, wo die Tiere erst nach drei Jahren freilassen werden, damit sie ihren Wanderinstinkt verlieren und in der Region bleiben. Das ursprüngliche Ziel, im Elsaß 50 Storchenpaare anzusiedeln, ist längst erreicht. Heute gibt ein paarhun-

Feinschmecker am Mont St.Odile

dert Paare. Sie nisten auf fast jedem Kirchturm und verwirren Hobbyfotografen. Aufzuchtstationen sind längst überflüssig, selbst die Tierschützer im Elsaß fordern die Schließung der Zentren, der Storch soll ausgewildert und nicht mehr wie im Hühnerhof gehalten werden.

Sürlawarla – Schriftdeutsch: Saure Leberlein, badisch: saure Leberle. Genauer: klein geschnetzelte Kalbsleber in gebundener, saurer Sauce. Wie bei vielen vermeintlich einfachen Gerichten steckt auch hier der Teufel im Detail. Wo zu grob geschnitten wurde, hilft keine noch so feine Sauce mehr. Zu stark durchgebraten ohne jede Finesse, im Glücksfall eine Delikatesse.

Tourte de la Vallé – oder „Vosgienne“, eine Fleischpastete in Kuchenform. Wird in den allermeisten Fermes Auberges serviert, leider oft zur fetten, grobschlächtigen Touristenabspeisung verkommen. Besonders gelungen in der Ferme Auberge *Kastelberg* an der Route des Crêtes (siehe unter Kap. Fermes Auberges).

Beliebter Hauswein: Käfferkopf

Villages Fleuris – Eine Jury inspiziert jedes Jahr über 40 Orte im Elsass, im Schnitt eine Viertelstunde pro Ort. Dann werden die Orden verteilt, mit schriftlichem Attest: „für die Bemühung, Touristen anzuziehen“. Offen bleibt, ob auch die Bananenpflanzen am Bahnhof Guebwiller, die roten Straßenlaternen von Bartenheim und die im gesamten Elsass übliche Verhöckerung im Sinne von Tempo 30 gewürdigt wurde. Die subventionierte Dörfverhübschung als solche, die landesweite Ortsmöblierung mit Schikanen, surrealistischen Straßenlaternen und neckischen Blumenrabatten hat im Elsass zu noch skurrileren Installationen geführt als im Badischen.

Weinkarte & Urwald – Weinkarten werden von Gastrokritikern gerne wegen ihrer Länge gelobt. „Opulente Weinkarte“ ist als Prädikat gemeint, „dick wie ein Buch“ ganz im Ernst als höchste Auszeichnung. Leider fragt niemand, ob nicht die Hälfte des Buches schon ihre besten Jahre hinter sich hat, überhaupt vorrätig ist, etc. Es schreibt sich halt gut, von den „mindestens 450 Gewächsen aus ganz Frankreich“.

Aber was bringen die dem Trinker, der einen sauberen und bezahlbaren Wein vor lauter Urwald nicht entdeckt, oder vor lauter Schlössern und Domänen keines der Gütle kennt.

Was in der Fremde – neben dem Preis – der Orientierung dienlich wäre, wird auf Weinkarten links des Rheins praktisch nie genannt: Die Werte für Alkohol, Restzucker und Säure stehen auf kaum einer französischen Karte (bei uns da und dort durchaus). Solche Aufklärung könnte ja eventuell dem Durchblick informierter Gäste dienen. (Keine Widerrede. Auf jeder französischen Mineralwasserflasche stehen heute 10 Analysewerte, die niemand interessieren!).

Rat für den Alltag: Schauen Sie sich die Karte lang und eindringlich an, lassen Sie die Preise auf sich wirken und ordern Sie im Falle von Unsicherheit gelassen *un quart/demi* (ein viertel/halber Liter offener Hauswein). *Rouge* oder *blanc* – müssen Sie entscheiden.

Evolutionstheoretisch gesehen erinnert die übergroße Weinkarte an einen Nachfolger des Urwaldes. Kaum ein anderes Terrain, auf dem Tarzan noch so unbehelligt mit der Liane wedeln kann. Jane lächelt und wartet, bis er tief in die Jahrgänge vorgedrungen ist. Sie quittiert seinen Kommentar, „fünfundneunzig Punkte im neuen Parker“, mit einem anerkennenden Lächeln. Die kluge Jane läßt ihn zwischen den Anbauregionen herumturnen und für Ordnung sorgen, irgendwann, kurz bevor sich erste Zeichen der Desorientierung einstellen, bekommt der Held grünes Licht. „Mit Dir trinke ich alles.“

Winstub, Wistub – Ursprünglich eine sinistre Stube, in der rauhe Kerle offen ausgeschenkte Weine in hoher Dosis vernichtet haben. Wein, dessen Qualität grenzwertig war, woran Winstubnamen wie „Hirnspalter“ oder „Felsesprenger“ erinnern. Serviert wurde dazu in einigen Etablissements ein hinterhältiges Brot, das, mit viel Salz und wenig Mehl, den Durst verstärken sollte – und eigentlich verboten war.

Überlebt haben das rustikale Dekor mit altersdunklem Holz und Wandmalereien sowie die typischen Elsässer Motive auf Tischdecken, Tellern und Terrinen. Dem Trinken förderlich sind die kleinen Bleiglasfenster in Flaschenbodenmanier, die desillusionierendem Tageslicht keine Chance lassen, idealtypisch im *Caveau Morakopf*. Wie sagt der Trinker am nächsten Morgen? „Licht isch Gift".

Neuerdings haben die Wistuben schon mittags geöffnet, eine weitere Konzession an die Neuzeit sind der Bieraus-

Alles steht Kopf: Auf der Ferme Alexis, Kaysersberg

schank, sowie das mitunter beachtliche Speisenangebot. Kaum erstaunlich, daß Wistuben in Touristengassen ähnlich aufgerüscht wurden wie manche Schwarzwaldstube. Im Sortiment findet sich von der Tarte Flambée bis zur Linzertorte alles, was den Eurogaumen erfreut. Ehrliche, nostalgische Wistubenklassiker gibt es aber bis heute, die meisten davon eher in und um Straßburg als im Südelsass. Das hängt auch mit der Geschichte von Straßburg als Garnisonsstadt zusammen: Nach der Annektierung des Elsass im Jahr 1871 versorgten sich die deutschen Soldaten in den gigantischen Brasserien und Brauhäusern vorwiegend mit Bier, ganz im Stil des Hofbräuhauses in München. Der passive Widerstand der Straßburger bestand nun darin, sich in die Orte mit heimischem Trank zurückzuziehen, wo Bier ein Fremdwort war. Als die deutschen Besatzer dann auch noch den Wein von großen deutschen Kellereien importierten und im Elsass verkaufen wollten, war für die kleinen Elsässer Winzer um Straßburg das Ende der Fahnenstange erreicht. Sie begannen damit, ihren Wein auf dem großen Markt in Straßburg zu verkaufen und öffneten für ihre Kundschaft rundum kleine Weinschenken, wo es darüberhinaus auch noch Sauerkraut zu essen gab – die Winstub war geboren. („Winstub" mutiert im südlichen Elsass übrigens zu „Wistub" – win heißt hier eben wi.)

→ **Zuverlässige Adressen:** *Caveau Morakopf* in Niedermorschwihr – seit 30 Jahren eine Institution, gute Küche, angenehmes Ambiente. Die ebenso gemütliche wie geschmackvolle *Wistub zum Sommelier* in Bergheim, Details siehe jeweils im Ortstext. *Die Weinstuben des Elsass* heißt auch ein Erfolgstitel von Wolfram Siebeck, 1991 beim Wilhelm Heyne Verlag München erschienen – zu der Zeit, als das Elsass noch beliebtes Ausflugsziel der Gourmetreisenden war.

Orte

Baldenheim 145
Barr 167
Basses-Huttes 134
Bergheim 100
Bettlach 36
Biederthal 14
Boofzheim 154
Bouxwiller 15

Carspach 23
Cernay 209
Colmar 102, 248, 252

Diebolsheim 151

Eguisheim 79
Ehnwihr 150
Ermensbach 207

Ferrette 18
Friesen 28

Gazon de Faing 233
Gerstheim 158
Gueberschwihr 76

Hachimette 132
Hartmannsweilerkopf 209
Hippoltskirch 40

Ile Napoléon 46

Kaysersberg 91, 96
Knoeringue 33

Lapoutroie 130, 133
Largtal 30
Leymen 12
Leymental 10
Ligsdorf 41
Linsdorf 39
Luttenbach 221
Lutter 15

Metzeral 213
Mulhouse 241
Mulhouse-Brunstatt 73
Munster 130
Münstertal 128, 217, 224
Muttersholtz 146

Colmar, Petit Venice

Neuweiher-See 206
Niedermorschwihr 87

Oberbruck 207
Oberlarg 30
Orbey 130
Orbey/Basses-Huttes 134, 135, 234
Osthouse 160

Petit Ballon 217

Rhinau 139, 156
Ribeauvillé 92
Ried 136
Rimbach 207
Riquewihr 92
Rixheim 62
Rodersdorf 14
Route des Crêtes 209

Schnellenbuhl 141
Sélestat 166, 255
Sondernach 218, 223
Soultz 74
Soultzeren 224, 228, 230
St. Louis 43, 239
Sternsee 206
Stosswihr 226
Straßburg 168, 171, 256
Strueth 28
Sundgau 10

Turckheim 81, 85

Wasserbourg 218, 219
Wintzenheim 122

Zimmersheim 49

Museen

Automobile, Mulhouse 52

Chemin de Fer, Mulhouse 55

Impression s. Etoffes, Mulh. 58

Papier Peint, Rixheim 62

Sapeur-pompier, Mulh. 57

Unterlindenmuseum, Colmar 127

Gasthäuser

Aigle d'Or, Osthouse 160
A l'Alsacienne, Munster 128
A la Ferme, Osthouse 164
A la Source d.l.L., Oberlarg 30
Alexis, Kaysersberg 96
Ambiance Jardin, Diebolsheim 151
Aub. à l'Illwald, Schnellenbuhl 141
Aub. et Host. Paysanne, Lutter 16
Au Bord du Rhin, Rhinau 158
Au Coucou des Bois, Strasbourg 194
Aux Bords du Rhin, Rhinau 156, 160
Aux Halles, Mulhouse 245
Aux Trois Poissons, Colmar 112

Beaucour, Strasbourg 197
Bellevue, Gueberschwihr 76
Bistrot à Huîtres, Mulhouse 67
Bord du Rhin, Gerstheim 158
Bords d. R., Rhinau 156

Café Littéraire, St. Louis 43
Cambuse, la, Strasbourg 191
Cesarhof, Linsdorf 39
Christian, Strasbourg 188
Clergue, Colmar 120
Colombier, Colmar 126
Constantin, Kaysersberg 91
Côté Four | Côté Cour, Colmar 117
Couronne, Carspach 23
Couronne d'Or, Leymen 12

Du Rhin, Chalampé 45

Felseneck, Ferrette 18

Galopin, le, St. Louis 239
Goldert, Gueberschw. 77
Gutenberg, Strasbourg 196

Hartmann, Carspach 23
Host. du Château, Eguish. 80
Host. Paysanne, Lutter 16
Hot. de l'Illwald, Schnellenbuhl 144

Jules, Zimmersheim 49

JY'S, Colmar 113

L' Alsace à Table, Strasbourg 190
L'Auberge, Colmar 108
L'Hirondelle, Ribeauvillé 93
L'un des sens, Colmar 116
La Buvette/Aux Halles, Mulh. 245
Landersen, Sondernach 223
La Table de Christ., Strasb. 183, 186
Le Felseneck, Ferrette 19
Le Pont des Vosges, Strasbourg 193

Maison des Têtes, Colmar 124
Metzgerstuwa, Soultz 74
Morakopf, Niedermorschwihr 87
Moulin Bas, Ligsdorf 41
Paradis, Strueth 28
Rothenbrunnen, Sondernach 223
Sal. de Thé B. Wach, Sélestat 166
Sal. de thé Christian, Strasb. 188
Salon de Thé J. Oster, Barr 167
Salon de thé Winter, Strasbourg 185
Scholler/Au Chasseur, Knoer. 33
St. Alexis, Kaysersberg 96
Strissel, Strasbourg 259
Studerhof, Bettlach 36
Suisse, Strasbourg 198
Verre de Terres, Colmar 110
Villa Féga, Turckheim 83
Vogel Strauß, Strasbourg 259
Wetterer, Orbey 135
Wistub du Somm., Bergh. 100
Zum Strissel, Strasbourg 259

Fermes Auberges

Buchwald, Wasserbourg 219
Du rain des chênes, Orbey/ Basses-H. 205, 234
Freundstein, Willer s.Thur 212
Gärtlesrain, Soultzeren 228
Gresson, Oberbruck 206
Kahlenwasen, Luttenbach 221
Kastelberg, Metzeral 213
Lac du Forlet/Lac des Truites, Soultzeren 230
Landersen, Sondernach 223
Molkenrain, Wattwiller 210
Rothenbrunnen, Sondern. 223
Schupferen, Stosswihr 226
Soultzersmatt, Soultzeren 224

Einkaufen

Baumalu, Baldenheim 145, 282
Beauville, Ribeauvillé 94, 280
Bompard, Eric, Strasbourg 177
Boulangerie Dangel, Bendorf 244
Boulangerie Ley, Wickerschwihr 251
Bouton d'Or, Mulhouse 73

Carrefour, Mulhouse 46
Cellier des Montagnes, Hachimette 132, 253, 276
Chaize, Orbey/B. Huttes 234, 265
Chèvr. Grange, Biederthal 14
Chez Mathieu, Knoeringue 34
Christian, Strasbourg 188

Falaize, Patrick, Villé 250, 252
Ferber, Niedermorschwihr 89
Ferme A. du Kreuzweg 257, 274
Ferme Chez Mathieu, Knoer. 34
Ferme du Pré du Bois, Orbey/B.H. 134, 276
Ferme Durr, Boofzheim 154
Ferme Esc. du Kochersberg 275
Ferme Goettelmann, Meistrazh. 274
Ferme Le Kalblin, Fréland 258
Ferme Schmitt, Bischoffsheim 250, 257, 277
Ferme St. Ulrich, Durningen 257
Fernex, Biederthal 14
Frick Lutz, Strasbourg 176
Fromagerie Lorho, Strasbourg 175
Fromagerie Saint-Nicolas, Colmar 121, 245, 249, 253, 265

Gander, Muttersholtz 147, 281
Goldert, Gueberschwihr 77, 274
Grimmer, Wintzenheim 122, 279

Haxaire, Lapoutroie 133, 265
Heschung, Dettwiller 181, 283
Heschung Gallery, Strasbourg 180

Jacques, Pât.-Choc., Mulhouse 71

La Graine au Lait (Haxaire), Lapoutroie 133
Lameille, A., Markthalle Colmar 248
Ley, Wickerschwihr 267
Littoral, Mulhouse 270
Luppachhof, Bouxwiller 15, 265

Marché de la Place de l'Ancienne-Douane, Colmar 248
Marché des prod., Strasb. 256
Marché de St-Louis 239
Marché du Canal Couv., Mulh. 241
Marché Sélestat 255
Marché St-Joseph, Colmar 252
Mireille, Boofzheim 154, 281
Mulhaupt, Strasbourg 189

Paradis, Strueth 28
Patisserie Naegel, Strasbourg 176
Patisserie Naegel, Straßburg 177
Paul 48
Poiss. Du Centre, Strasb. 182, 270
Poissonnerie Du Littoral, Mulh. 245
Poissonnerie Lameille 248, 270
Porcelaines, les, Strasbourg 183

Quesnot, J. 121, 245, 249, 253, 265

Staub, Turckheim 85, 282
Super U, Brunstatt/Mulhouse 73

Thalgott, Martin, Rheinfischer 257
Tomme Prés du Ried, Muttersholz-Ehnwihr 150
Turlupain, Orbey 253, 254, 267

Fotos: Franz Härter Seite 212, Marion Jentzsch 194, Pierette Kieny 152, 153.

Alle anderen Fotos: Cornelia Stauch, Wolfgang Abel.

Karten: Römer.Grafik, Ihringen

Alle Angaben in diesem Buch wurden vom Autor nach bestem Wissen erstellt und mit Sorgfalt geprüft. Inhaltliche Fehler, auch unzutreffende oder geänderte Öffnungszeiten, sind dennoch nicht auszuschließen. Daher erfolgen alle Angaben ohne Gewähr des Verlags und der Autoren. Beide übernehmen keine Verantwortung oder Haftung für etwaige Unstimmigkeiten.

Danke und Bitte: Autor und Verlag danken allen Lesern, die mit Hinweisen und Korrekturen zu dieser Auflage beigetragen haben. Die Autoren freuen sich stets über weitere Anregungen und Hinweise.

Oase Verlag
D-79410 Badenweiler
www.oaseverlag.de

Herstellung:
fgb • Freiburger Graphische Betriebe
Alle Angaben ohne Gewähr

OASE